LA MYTHOLOGIE

GRECQUE ET ROMAINE

LA NOUVELLE ENCYCLOPÉDIE

Collection
dirigée par Daniel Sassier

Remi Simon

LA MYTHOLOGIE

GRECQUE ET ROMAINE

Illustrations de

Jean-Paul Colbus

nathan

AU PAYS DES DIEUX ET DES HÉROS

Tout le monde sait aujourd'hui que notre planète est ronde et qu'elle tourne autour du Soleil. Mais pendant très longtemps, les hommes ont cru que la Terre était plate et immobile, et que le Soleil, la Lune, les autres astres tournaient tous ensemble autour d'elle.

Qui donc gouvernait cette merveilleuse mécanique faite, pouvait-on croire, spécialement pour les hommes ? Qui conduisait le Soleil ? Qui provoquait les tempêtes ? Qui décidait de la pluie et de la sécheresse, de l'abondance et de la famine ?

Comment comprendre tous ces phénomènes lorsque les connaissances scientifiques demeuraient encore très vagues ? Les hommes imaginèrent donc des explications assez fantaisistes, souvent poétiques. Ils inventèrent des puissances mystérieuses, invisibles : les dieux. Ils les représentèrent par des statues et leur prêtèrent des sentiments humains.

Si la tempête succède au calme plat, c'est que la puissance des flots est tantôt de bonne humeur, tantôt en colère : le mythe du dieu de la mer était né. Et comme la tempête n'a rien d'agréable, les hommes s'efforcèrent de plaire au dieu de la mer.

Au fil des temps, les peuples multiplièrent ces histoires de dieux, les mêlant les unes aux autres et trouvant sans cesse de nouvelles explications qui venaient enrichir leurs légendes, leurs mythes. Cet ensemble de mythes et de rites constitue ce que l'on appelle une religion.

Au cours des âges, les hommes ont créé d'innombrables religions. Mais si différentes soient-elles, elles présentent un point commun : elles tentent toutes d'expliquer l'univers, son origine, la place que l'homme y tient, et elles comportent toutes des cérémonies destinées à plaire à Dieu ou aux dieux.

Quant à nous, à qui la science a pu fournir un certain nombre d'explications sur la structure de l'univers, les phénomènes naturels ou l'origine de l'homme, nous avons des religions quelque peu différentes. Elles s'intéressent davantage au bien et au mal, aux rapports entre les hommes.

Nous avons cependant hérité de nos ancêtres une longue tradition, riche de milliers de ces interprétations poétiques, auxquelles nous donnons le nom de mythologie classique, ou mythologie gréco-romaine. Elle nous vient en effet de deux grands peuples de l'Antiquité, les Grecs et les Romains, ceux que nous appelons les « Anciens ».

Grecs et Romains avaient une origine commune. Ils descendaient d'un peuple encore assez mystérieux : les Indo-Européens. Ils n'avaient pourtant pas la même conception des dieux. Les Grecs étaient très imaginatifs, les Romains beaucoup moins. En revanche, ils accomplissaient très scrupuleusement les cérémonies destinées à se concilier les divinités, alors que les premiers s'en souciaient relativement peu. En fait, la religion des Grecs s'appuyait essentiellement sur la mythologie, c'est-à-dire les récits et les mythes, et celle des Romains bien davantage sur les rites, autrement dit les cérémonies.

Les contacts entre les deux peuples furent cependant très nombreux. Et les Romains s'aperçurent bientôt que chacune de leurs divinités avait souvent son équivalent chez les Grecs. Ils en conclurent qu'il s'agissait du même dieu, caché sous un nom différent, et adoptèrent les légendes déjà inventées à son sujet. Ainsi, lorsqu'ils comprirent que leur vieux dieu « Jupiter » avait les mêmes fonctions principales que le « Zeus-pater » grec, c'est-à-dire gouverner le ciel et les orages, ils attribuèrent à Jupiter les mythes concernant Zeus.

Mais pourquoi donc s'intéresser à la mythologie de ces peuples disparus depuis longtemps ?

Pour plusieurs raisons. D'abord, parce que la mythologie rassemble une quantité incroyable de récits étonnants, étranges ou poétiques. Ensuite, parce que nous sommes les héritiers directs, par notre civilisation, des Grecs et des Romains. Bien sûr, nous ne croyons plus à leurs dieux. Mais aujourd'hui encore, la peinture, la sculpture, la musique, le cinéma... s'inspirent des récits mythologiques.

Plus encore, notre langage courant comporte un grand nombre d'expressions qui en sont tirées. Ne parle-t-on pas de « chimères », de « pactole », de « labyrinthe », de « dédale », de la planète Vénus, du mois de mars ? Avez-vous jamais ouvert un « Atlas » ? Connaissez-vous un continent qui s'appelle « l'Europe » ? Au fait, qui était Europe ?

Vous allez le savoir.

SOMMAIRE

LES RACINES DU MONDE

A peine sorti du chaos, le monde est dominé par les Géants, les Titans et les monstres...

△
Les luttes mythiques des premiers temps du monde inspirèrent souvent les artistes grecs. Ce guerrier barbu du Ve siècle avant J.-C. semble nous inviter à y participer.

La conquête du pouvoir fut acharnée et les combats entre les Géants souvent impitoyables. En ces temps reculés, les hommes n'existaient pas. ▷

Aux origines de tous les temps, le monde ne ressemblait pas à celui que nous connaissons. Seul, un effrayant mélange de terre, de boue, d'eau, parcouru de tourbillons de vent et dévasté d'explosions et de tornades de feu, ruisselant de lave en fusion, se repliait sans cesse sur lui-même. Cette masse informe s'appelait le Chaos.

Puis lentement, quelque chose apparut dans cet effroyable désordre : la Nuit. Et à leur tour, sortirent de la Nuit la Lumière et le Destin.

Ce furent les aînés des dieux.

Bientôt, la Terre-Mère, Gaïa, se dégagea elle aussi du Chaos qui se calmait peu à peu. Gaïa créa le ciel Ouranos, exactement de la même taille qu'elle, et elle l'épousa. Ils allaient avoir une nombreuse descendance.

Le règne des Titans

Leurs premiers enfants furent les Titans. Ils étaient douze, six Titans et six Titanides, leurs sœurs. Tous possédaient une grande beauté et une taille immense, mais leur père ne les aimait pas. Ouranos régnait en effet sur ce qui devenait le monde, et il craignait que l'un ou l'autre de ses enfants n'eût l'idée de prendre sa place. Aussi les enferma-t-il prudemment tous les douze au fond d'un abîme plein de ténèbres, le Tartare.

Les Titans furent d'abord terrifiés. Puis, sous la direction du plus jeune d'entre eux, Cronos, ils se révoltèrent et s'évadèrent de leur prison, pour attaquer leur père.

L'assaut fut bref : pris par surprise, Ouranos fut grièvement blessé et s'enfuit en perdant une grande quantité de sang.

Cronos prit le pouvoir.

Les monstrueux enfants de la Terre

Mais les Titans n'avaient pas prévu qu'en tombant sur la Terre, le sang d'Ouranos allait la féconder à nouveau ! A vrai dire, la Terre n'eut pas cette fois de bien beaux enfants : autant les Titans étaient grands et majestueux, autant leurs frères étaient monstrueux ; nous les appellerions aujourd'hui des « mutants ». On y trouvait des Cyclopes qui n'avaient qu'un œil rond au milieu

Les Titans

Les Titans sont souvent appelés « les anciens dieux ». Leur nom représente le plus souvent une vertu ou une qualité. Ainsi, Mnémosyne veut dire « la mémoire », Thémis, « la justice », Métis, « l'intelligence », ou Cronos, « le temps ».
Les Romains leur ont attribué des noms différents. Par exemple, Cronos était pour eux Saturne, nom que nous connaissons mieux, ne serait-ce que parce qu'il a été donné à une planète. Quant à Océan, son nom reste toujours attaché aux immensités marines qui entourent toutes les terres.
En principe au nombre de douze, six hommes et six femmes (les Titanides), les Titans ont eu de nombreux enfants, également appelés « Titans ». Parmi ceux-ci, nous découvrons Hélios ou Séléné, sa sœur, Prométhée et Épiméthée, ou encore Atlas.

du front, ou bien des monstres à cent bras qui portaient le nom d'Hécatonchires ! Il y avait des Géants, et aussi le terrible Typhon qui avait à la place de la tête un paquet de serpents, et qui faisait trembler le sol en marchant ! Ou encore les deux Aloades, qui grandissaient de deux mètres par an !

Tous ces êtres effrayants erraient sans but sur la Terre toute neuve. Les uns contemplaient avec étonnement, de leur œil rond, les vagues limpides battre les plages de sable vierge ; les autres essayaient la force immense de leurs cent bras à briser les arbres à peine jaillis du sol, ou à secouer les montagnes. Typhon parcourait stupidement les plaines à grandes enjambées, dans un bruit d'avalanche, tandis que les Géants le contemplaient d'un air hébété. Bref, c'étaient vraiment des forces de la nature laissées en liberté.

Le premier soin de Cronos fut d'enfermer ses abominables frères. Cyclopes, Géants et autres monstres allèrent prendre la place des Titans dans le Tartare, l'abîme ténébreux.

Cronos régna donc, mais non sans mal. Il eut à lutter contre son frère aîné qui trouvait tout naturel d'être roi puisqu'il était le plus âgé. Cronos soutenait que le trône devait lui revenir, car il avait pris l'initiative de la révolte et avait mené ses frères à la victoire. Il fallut transiger. On décida que Cronos aurait le pouvoir sa vie durant à condition de ne pas avoir d'enfant : ainsi, à sa mort, la royauté reviendrait aux descendants de son frère aîné et les choses rentreraient dans l'ordre.

Cronos accepta.

Les Cyclopes, ces monstres qui ne possédaient qu'un seul œil, sont les fils de la Terre. Pour s'en débarrasser, Zeus les enferma dans le Tartare. Il s'agit de la région la plus profonde des Enfers. Là, la lumière, les formes, le temps... n'existent plus.
▽

LA GUERRE DES DIEUX

Des batailles acharnées permettent à Zeus d'affirmer son pouvoir.

△
Cette figure de bronze a été retrouvée à Olympie. Elle représente Zeus. Les Grecs imaginaient le roi des dieux sous les traits d'un homme dans la force de l'âge, sévère et barbu. Le style de cette sculpture est caractéristique de l'époque classique (Ve siècle avant J.-C.).

Pour tenir sa promesse, Cronos décida d'avaler ses enfants dès leur naissance ! Ce qui ne plaisait pas du tout à son épouse, la Titanide Rhéa.

Le petit Zeus

A la sixième naissance, Rhéa mit au monde des jumeaux. Cette fois, elle décida de remplacer l'un des bébés — un garçon — par une grosse pierre enveloppée de langes. Cronos ne s'aperçut de rien et avala sans sourciller la petite fille... et la pierre. Rhéa était enchantée : un de ses enfants avait enfin échappé à la mort ! Elle confia ce survivant — le petit Zeus — à une sorte de communauté masculine qui habitait l'île de Crète : les Curètes.

Ceux-ci placèrent le berceau dans un arbre, suspendu à une branche. Au cas où, par malheur, Cronos aurait eu des soupçons, Zeus était impossible à découvrir : comme il ne se trouvait vraiment ni dans le ciel, ni sur la Terre, encore moins sur la mer ou dans l'eau, il n'était finalement nulle part ! Seulement, le bébé, quoique divin, criait de toutes ses forces. Pour couvrir ses pleurs, les Curètes faisaient un bruit épouvantable en dansant autour de l'arbre, ils entrechoquaient leurs armes et leurs boucliers, et accompagnaient leurs danses de hurlements et de chants sauvages. C'est au milieu de ce vacarme que grandit le petit Zeus, grâce au lait d'une chèvre. Cette nourrice imprévue, Amalthée, fut plus tard récompensée par le dieu. Elle est encore aujourd'hui une constellation, et sa corne, emplie de fruits et de produits de la terre, est restée un symbole de prospérité : on l'appelle la Corne d'Abondance.

Pour se venger de Cronos

Quelques années plus tard, Zeus était devenu grand et fort, ainsi qu'il convient à un dieu, et il pensait de plus en plus à se venger de son père.

Mais comment l'approcher ? Zeus alla voir sa tante Métis, dont le nom signifie « intelligence », « intuition ». La Titanide lui conseilla d'entrer au service de Cronos. C'était chose facile, puisque celui-ci n'avait jamais vu son fils et restait persuadé d'avoir avalé tous ses enfants.

Le nectar et l'ambroisie

Dans l'Olympe, les dieux se nourrissaient, dit-on, de « nectar » et d'« ambroisie ». De quoi s'agit-il ? On pense généralement que le nectar se buvait et que l'ambroisie devait se manger. Ces deux préparations mystérieuses donnaient aux dieux leur immortalité. C'est ainsi qu'en en faisant goûter à des mortels, ces derniers devenaient à leur tour immortels. Ce fut le cas de Tithon, par exemple, l'ami d'Eôs, et aussi celui d'Héraclès. Zeus lui fit boire du nectar après sa mort, le recevant ainsi dans l'Olympe.
Il semble cependant étrange que des dieux, qui sont par nature immortels, aient eu besoin de nectar et d'ambroisie pour le rester. D'autant plus qu'ils ont également besoin de la fumée des sacrifices faits par les hommes, laquelle assure leur existence !
Bref, nous sommes aussi peu renseignés que les Grecs eux-mêmes sur ces mystérieuses substances. Disons simplement que le nectar et l'ambroisie sont la nourriture des dieux !

Les deux Aloades, des jumeaux fils ▷ de la Terre, grandissaient de deux mètres par an. Au cours de la guerre entre les dieux et les Géants, ils entreprirent d'entasser les montagnes, posant notamment le Pélion sur l'Ossa, pour atteindre le ciel où les dieux s'étaient réfugiés. Les Géants furent cependant vaincus après dix ans de guerre.

Zeus devint donc l'échanson de son père, celui qui lui servait à boire. Mais au lieu de vin, il lui donna une généreuse rasade de... vomitif.

Cronos fut affreusement malade. Il commença par vomir la fameuse pierre, toujours entourée de ses langes, puis ses autres enfants, les frères et les sœurs de Zeus qu'il avait engloutis, fort heureusement sans les mâcher.

Délivrés, ils se révoltèrent aussitôt contre leur père et la guerre éclata.

Zeus, Hadès et Poséidon

Cronos appela à son aide les autres Titans. Zeus, de son côté, délivra de leurs oubliettes les Géants, les Cent-Mains, les Cyclopes, bref, tous les prisonniers, et s'en fit des alliés. Les Cyclopes, qui étaient bons forgerons, se montrèrent reconnaissants. Ils fabriquèrent pour les dieux des armes terribles : la foudre pour Zeus, un trident pour son frère Poséidon et un casque-qui-rend-invisible pour Hadès, le troisième frère. Ces armes décidèrent du sort de la guerre. Blessé, Cronos s'enfuit et les trois frères victorieux se partagèrent le monde.

Zeus obtint le ciel et la souveraineté absolue, Hadès le monde souterrain et le royaume des morts, tandis que Poséidon régnait sur la mer et les eaux.

Zeus s'occupa alors d'organiser la demeure des dieux. Il choisit pour cela une haute montagne, la plus haute du monde, croyait-on, l'Olympe. Et il s'y installa avec les autres dieux ses frères et ses sœurs : c'est pourquoi on les appelle les dieux « olympiens ».

Mais leurs épreuves étaient loin d'être finies.

La révolte des Géants ou gigantomachie

En effet, la défaite des Titans devant les dieux n'avait pas plu à la vieille Gaïa. Elle les avait vus sans plaisir se faire déposséder au profit de ses petits-fils et elle poussa à la révolte ses autres enfants, les Cent-Mains et les Géants. Elle leur fit remarquer qu'ils pourraient aussi bien régner que les dieux et que leur situation était tout à fait

△
Sur cette peinture, Zeus est habillé en monarque oriental. Il porte une longue robe brodée et une tunique à manches ajustées, et non le vêtement drapé des Grecs. A ses pieds, des botillons, et non des sandales.

△
Avec ses 2 911 mètres, l' Olympe est la plus haute montagne de la Grèce. C'est là, selon la légende, que Zeus établit la demeure des dieux.

La vieille Terre, Gaïa, fit un dernier effort ▷ pour empêcher Zeus de prendre le pouvoir. Elle envoya contre lui son fils le plus redoutable, le monstre Typhon. Zeus parvint cependant à le foudroyer.

injuste. Ils avaient en effet pour tâche de garder les Titans vaincus, dans le Tartare. Les Géants trouvèrent que leur mère avait parfaitement raison et se révoltèrent sans plus attendre. Ils appelèrent à la rescousse les autres monstres et tous ensemble, ils s'élancèrent à l'assaut de l'Olympe. Même les Cyclopes attaquèrent les dieux !

Assaillis à l'improviste, les Olympiens durent se replier dans le ciel où ils organisèrent leur résistance. Les Géants les y poursuivirent ; les Aloades entassèrent les montagnes les unes sur les autres, l'Ossa sur l'Olympe et le Pélion sur l'Ossa, et s'en servirent comme de marches, tandis que les Cent-Mains bombardaient le ciel avec d'énormes rochers. En retombant, ces rochers faisaient des îles dans la mer.

La situation des dieux devenait critique et la guerre risquait de s'éterniser. Mais Zeus était là. Il eut l'idée de dérober la plante magique qui assurait aux assaillants leur supériorité : elle les rendait invulnérables ! Et quand il eut arraché cette herbe, Zeus put foudroyer les Géants et leurs alliés, et les précipiter dans le Tartare.

Le monstre Typhon

Furieuse, Gaïa fit alors appel à son fils le plus terrible, Typhon. L'horrible monstre arriva pesamment, ébranlant le sol à chaque pas, ses cent têtes de vipère se tordant et sifflant furieusement. A sa vue, les dieux eurent tellement peur qu'ils s'enfuirent jusqu'en Égypte, déguisés en animaux ! Seul Zeus eut le courage de rester pour affronter l'affreuse créature. Mais cette fois, le roi des dieux eut le dessous : la foudre elle-même ne pouvait rien contre Typhon. Le monstre jeta à terre sa victime, lui coupa les tendons des bras et des jambes et l'abandonna, sur le sol, paralysée.

Gaïa avait gagné la guerre.

Pas tout à fait, cependant : les dieux Pan et Hermès, honteux d'avoir fui, étaient revenus d'Égypte. Ils soignèrent Zeus et recousirent habilement ses tendons. Le dieu put bientôt reprendre le combat ; et cette fois, il fut vainqueur ! Il écrasa Typhon sous un volcan de Sicile, l'Etna, où, dit-on, il est toujours. Et lorsqu'il se débat et essaie de soulever la montagne qui l'étouffe, la terre tremble en Sicile.

△
Installé sur l'Olympe, Zeus règne avec son épouse Héra. Maître des nuées et des phénomènes atmosphériques, il surveille les hommes, les punit au besoin. Il tranche les querelles entre les dieux et veille à la bonne marche de l'univers. Il tient à la main son arme caractéristique : la foudre.

La victoire de Zeus mit fin à la guerre et les dieux purent regagner l'Olympe, où ils se reposèrent de leurs terribles combats.

Zeus, le roi des dieux, et son épouse Héra

La puissance de Zeus fut dès lors à peu près sans limites. Tous les dieux reconnaissaient son pouvoir. Tous ? Non, pas exactement. Héra, qui était sa sœur jumelle en même temps que son épouse, faisait bien des reproches à son mari.

En effet, Zeus avait une personnalité étrange, que les Grecs et les Romains comprenaient eux-mêmes difficilement.

D'une part, il était le souverain puissant et majestueux, régnant sur les forces célestes, les vents, les nuées, les orages, sévère mais juste, respecté de tous. Les Romains l'appelaient d'ailleurs « Jupiter tonnant ». Quant aux Grecs, même très tard dans leur histoire, alors qu'ils ne croyaient plus guère à la mythologie, ils respectaient toujours Zeus, et le craignaient. Ils n'osaient pas, par exemple, en faire un personnage de leurs pièces de théâtre, à l'exception de quelques auteurs comiques qui ne prenaient rien au sérieux.

D'autre part, après sa victoire définitive sur les Géants, la plupart des légendes concernant Zeus deviennent tout à fait singulières. Elles racontent presque toutes comment le dieu parvient à déjouer la jalousie de son épouse pour vivre ses

Les divinités de la mythologie possèdent souvent un animal, qui est leur emblème. Ainsi Héra est-elle souvent accompagnée d'un paon, Aphrodite d'une colombe, Asclépios d'un coq. Athéna, elle, est associée à la chouette, et Poséidon, au taureau ou au cheval. Quant à Zeus, l'aigle s'imposait !
▽

amours avec d'autres déesses ou des filles des rois de la Terre. Inlassablement, Héra surveille son mari, inlassablement, Zeus la trompe. Il n'hésite pas, pour y parvenir, à se transformer en tout et n'importe quoi, prenant la forme d'un taureau, d'un cygne, et même — c'est la plus étonnante de ses métamorphoses — d'une pluie d'or !

Les machinations d'Héra

Pourtant, au bout d'un certain temps, Héra se mit réellement en colère. Elle n'y alla pas par quatre chemins et décida tout simplement de détrôner Zeus : il fallait à la tête de l'Olympe un dieu plus sérieux que cet infatigable coureur de jupons.

Elle n'eut pas de mal à obtenir l'appui de Poséidon, le dieu marin, toujours un peu jaloux du pouvoir supérieur de son jeune frère. En revanche, on ne sait pas comment elle s'y prit pour convaincre également Apollon. Toujours est-il que le brillant dieu de la lumière entra lui aussi dans le complot.

Un beau soir, les conjurés attaquèrent Zeus pendant son sommeil et le ligotèrent solidement avec des cordes attachées de cent nœuds.

Zeus, écumant de rage, se tordit dans ses liens, menaçant les rebelles des pires châtiments. Rien n'y fit. Les dieux étaient trop occupés à se disputer pour savoir qui serait le nouveau souverain.

La vengeance de Zeus

Ce fut Thétis, la belle déesse des eaux, qui sauva le prisonnier. Elle alla chercher le Cent-Mains Briarée. Le brave géant arriva sans se faire prier et dénoua en un clin d'œil les cent nœuds, un pour chaque main. Zeus, libéré, reprit le pouvoir. Mais sa vengeance fut moins terrible qu'on aurait pu le craindre. Il se contenta d'exiler Poséidon et Apollon de l'Olympe pour quelque temps. Quant à Héra, il l'attacha toute nue par les mains à un nuage, après lui avoir fixé une enclume à chaque pied. Et il ne consentit à la délivrer de cette terrible situation que lorsque tous les dieux eurent juré solennellement de respecter désormais son pouvoir. Dès lors, Zeus régna sans partage.

△
L'art romain nous a laissé de nombreuses représentations de Junon, la déesse Héra des Grecs. A Rome, cette très importante divinité protège la famille et les femmes.

La Junon romaine

Les Romains assimilèrent de bonne heure Junon (Juno), leur déesse très révérée du mariage et de la famille, avec Héra. On lui donne également les attributions de l'ancienne déesse Ilithyie, qui veillait sur les naissances, et Junon prit le surnom de *Juno Lucina.* Chaque femme possédait une « Juno » personnelle, qui veillait sur elle comme une sorte de génie. Son nom vient du mot *juvenis*, qui signifie « jeune » et surtout « jeune mariée ». Selon une légende spécifiquement romaine, elle est à elle seule la mère de Mars.

LES ENFANTS DE ZEUS ET D'HÉRA

Un guerrier qui aime trop les carnages et une douce jeune fille très timide.

△
Sur cette sculpture athénienne du ve siècle, un guerrier fait une libation. Il renverse un peu de vin sur l'autel de Zeus, avant de partir au combat. Il pourrait s'agir d'une scène de la vie réelle. Mais un petit personnage à gauche, un « mortel » qui tend la main dans un geste de prière, indique qu'il s'agit de dieux : le guerrier casqué n'est autre qu'Arès.

Zeus et Héra formaient, nous l'avons vu, un couple assez orageux, dont les colères faisaient trembler périodiquement l'Olympe.

Détail curieux pour des dieux, leurs enfants ne furent pas très brillants. Mais ils n'en eurent que deux, Arès et Hébé.

Arès, dieu des combats

Leur fils unique s'appelait Arès. C'était un grand gaillard sportif, qui ne rêvait que batailles, villes prises d'assaut, massacres et pillages. Pourtant, il n'était pas bon général : il avait le goût de la guerre, mais ne la comprenait pas très bien. Les légendes nous le montrent plusieurs fois vaincu non seulement par d'autres dieux, comme Athéna, mais aussi par de simples hommes : ainsi le héros grec Diomède le blessa au cours d'une bataille pendant la guerre de Troie. La malchance d'Arès est même parfois incroyable ; au cours de la guerre des dieux, il fut fait prisonnier par les Géants, qui l'enfermèrent dans un tonneau. Il y resta un an avant d'être délivré par Hermès.

Malgré tout, l'imposant Arès était impressionnant quand il parcourait le champ de bataille à grands pas, les yeux brillants de fureur guerrière, accompagné de ses redoutables fils, Phobos et Deimos (la Terreur et la Déroute), et de la Discorde, Eris. Et les Romains, qui l'appelaient Mars, le considéraient pour leur part comme un terrible dieu, sans rien de ridicule, et lui rendaient de grands honneurs.

Hébé, une douce jeune fille

La fille de Zeus et d'Héra, la jolie Hébé, était certainement une jeune fille charmante et une maîtresse de maison accomplie, mais d'une insignifiance à peu près totale. Son seul rôle dans la mythologie, mis à part son titre exclusivement honorifique de déesse de la Jeunesse, est de servir à boire aux autres dieux pendant leurs banquets ! Elle joua pendant longtemps ce rôle effacé de « jeune fille de la maison », jusqu'au jour où elle renversa malencontreusement une coupe.

La pauvre Hébé eut tellement honte de sa maladresse qu'elle courut se cacher et ne voulut plus reparaître devant les autres dieux. Son père dut la remplacer par un jeune homme appelé Ganymède, qu'il fit enlever sur la Terre par son aigle et qui servit dès lors d'échanson.

Zeus finit par marier la douce Hébé à l'un de ses fils terrestres qu'il admit dans l'Olympe : le demi-dieu Héraclès.

Le dieu Mars

Si Arès n'eut jamais une grande popularité en Grèce, les Romains, qui étaient un peuple de soldats-paysans et de conquérants, lui vouaient un culte fervent. Arès fut rapidement confondu avec la vieille divinité des batailles, Mars, l'un des trois grands dieux de Rome (les deux autres étant Jupiter et Quirinus).

Le culte de Mars comportait à Rome de nombreuses cérémonies, depuis la *fête des chevaux*, le 27 février, jusqu'à l'étrange *sacrifice du cheval d'octobre*, le 15 de ce mois, en passant par la *bénédiction des trompettes de guerre*. Son culte se déroulait entièrement hors de la ville, car la guerre n'avait « pas le droit d'entrer dans Rome » !

Un terrain spécial était consacré au culte du dieu Mars et à l'entraînement des troupes. Le nom et la destination de ce terrain sont encore en usage de nos jours : cela s'appelle « le Champ-de-Mars » ! Les soldats s'y retrouvent encore parfois pour une parade ou un défilé.

Et nous retrouvons aussi ce dieu dans notre mois de mars et la planète Mars, dont les deux satellites naturels s'appellent... Phobos et Deimos.

△
Hébé fut la seule fille de Zeus et Héra. Déesse de la Jeunesse, la mythologie ne lui réserve qu'un rôle très effacé. Sa principale occupation consiste à servir à boire lors des festins des dieux.

Le bouillant Arès, dieu de la fureur au combat, se rue sur le champ de bataille. Ses fils Phobos et Deimos, la Terreur et la Déroute, le suivent. Les Grecs n'aimaient pas beaucoup Arès et le tournaient souvent en dérision.
▽

POSÉIDON, L'ÉBRANLEUR DU SOL

Un puissant dieu marin, aux cheveux bleus, ombrageux et rancunier.

△
L'arme caractéristique de Poséidon est le trident. Cet instrument sert depuis fort longtemps aux pêcheurs de thons. Le dieu l'utilise pour soulever les tempêtes, mais aussi pour créer les tremblements de terre. Il vit au fond des eaux, dans son palais sous-marin. ▷

Violent, ombrageux, rancunier, tel était le fils aîné de Cronos, le farouche Poséidon, seigneur des eaux. Bien peu, à part Zeus, osaient le regarder en face lorsqu'il secouait sa chevelure bleue, appuyé sur son terrible trident, ce harpon à trois pointes des pêcheurs de thons.

Il restait toujours un peu jaloux du pouvoir sans limites de son jeune frère et après la guerre des Géants, il tenta même de se rebeller contre lui. Zeus l'en punit en le bannissant pour un temps de l'Olympe. Il l'obligea à se mettre au service d'un certain roi Laomédon, qui bâtissait alors les remparts de la ville de Troie.

Ce roi refusa d'ailleurs de lui payer le salaire promis, et de là vint la haine que Poséidon porta toujours aux Troyens et à leur célèbre cité.

Un palais sous la mer

C'était pourtant un dieu puissant, maître des eaux, des fleuves et des mers, ainsi que des tremblements de terre et des raz de marée. On lui donnait le nom d' « Ébranleur du Sol ».

Son vaste palais sous-marin, empli de perles et de corail, se peuplait de créatures étranges comme les Tritons, êtres mi-homme mi-poisson que l'on représente soufflant dans des coquillages. Il abritait aussi les Néréides, nymphes de la mer et filles du vieux Nérée ; Poséidon avait épousé l'une des plus belles, Amphitrite, la reine de la mer.

Nérée était un dieu très ancien que l'on appelait le « vieux-de-la-mer », mais il n'avait qu'un rôle assez effacé.

Le dieu des chevaux

Poséidon ne se contentait pas de son magnifique royaume marin, il lui fallait aussi des terres. Il aimait que les villes de Grèce se mettent sous sa protection et lui rendent un culte particulier. Il eut même une violente dispute avec la déesse Athéna au sujet de la ville d'Athènes.

Tous deux voulaient être choisis comme protecteur de la cité, et pour convaincre les Athéniens, ils leur firent des présents. Poséidon, le premier, frappa le sol de son trident : il en jaillit

△
Protée, divinité de la mer, possédait l'étrange pouvoir de se transformer à volonté en brasier, en torrent ou en bête féroce. C'est de lui que nous vient l'expression « protéiforme », terme que l'on applique aux gens qui changent fréquemment d'aspect ou d'occupation.

un superbe cheval noir. Le dieu pensait ainsi leur faire un magnifique cadeau, en leur offrant le premier cheval que l'on voyait sur la Terre. Mais c'était aussi l'emblème de la guerre et le compagnon de l'homme dans les batailles ! Et lorsque Athéna à son tour frappa le sol d'un coup de lance, les Athéniens enthousiasmés en virent surgir un olivier, l'arbre qui donne l'huile parfumée, l'arbre de la douceur, de la sagesse et de la paix. Ils préférèrent le présent d'Athéna et la choisirent comme déesse protectrice.

Furieux, Poséidon envoya un raz de marée dévaster la région d'Athènes, l'Attique.

Ce dieu violent avait pourtant des amitiés solides. Plusieurs fois, il offrit à des amis mortels des chevaux splendides, comme le célèbre attelage qu'Achille emmena au siège de Troie, formé de chevaux qui parlaient.

A propos d'amis, on ne sait pas pourquoi Poséidon aimait tant les Éthiopiens. Mais les légendes disent souvent que le dieu, absent, est allé « voir ses chers Éthiopiens ».

Une triste descendance

Les enfants de Poséidon se montraient dans l'ensemble peu sympathiques. C'étaient pour la plupart des monstres, surtout des Cyclopes, ou bien des bandits comme le célèbre Amycos, un brigand fameux pour sa cruauté qui fut tué par les Argonautes. L'un des enfants les plus bizarres de Poséidon, bien que l'un des moins désagréables, s'appelait Protée. Il était plutôt gentil, et les Grecs se demandaient s'il s'agissait bien d'un fils de l'Ébranleur du Sol. On pense d'ailleurs aujourd'hui que Protée était une divinité de la mer plus ancienne que Poséidon : encore un « vieux-de-la-mer ». Son rôle consistait à garder les troupeaux de phoques qui vivaient dans la Méditerranée. Il pouvait également prédire l'avenir, mais s'y refusait la plupart du temps. Et pour décourager les importuns, il se métamorphosait de la façon la plus farfelue. De même que la mer change sans cesse d'aspect et de couleur, Protée se transformait à son gré en cascade, en brasier ou en bête féroce. Lorsqu'on parvenait quand même à le retenir prisonnier, il prédisait l'avenir de bon gré, ravi de sa bonne farce !

HADÈS, LE SEIGNEUR DES PLUS-NOMBREUX

Le roi des morts est riche; le nombre de ses sujets augmente sans cesse...

△
Dans son palais souterrain, Hadès vit tranquillement avec son épouse Perséphone. Ici, la déesse porte un étrange flambeau à quatre torches, les torches infernales. Cette peinture orne un cratère, un grand vase de terre cuite.

Lorsque les trois fils de Cronos, Zeus, Poséidon et Hadès, se partagèrent l'héritage paternel, Hadès obtint le monde souterrain des morts. Et il se montra parfaitement satisfait de son funèbre royaume, dont les sujets devenaient chaque jour plus nombreux. Cet accroissement régulier de population, ainsi que la présence de trésors et de pierres précieuses sous la terre, dans son royaume, valurent à Hadès le nom de « Pluton », c'est-à-dire « le Riche ». Les Romains l'appelaient toujours ainsi et nommaient son royaume les Enfers. Les Grecs, au contraire, utilisaient indifféremment le même mot d'Hadès pour désigner le domaine et le propriétaire.

On considérait Hadès comme un dieu menaçant et sombre, quoique toujours juste envers les hommes.

Par superstition, on évitait de trop souvent prononcer son nom et les légendes où il apparaît sont peu nombreuses. Elles concernent surtout son mariage et son épouse Perséphone qui n'habitait avec lui que trois mois par an, vous saurez pourquoi en lisant plus loin son histoire. Cependant, il formait avec elle un couple uni qui vivait heureux dans son palais souterrain.

Les Plus-Nombreux

Hadès avait évidemment droit de cité dans l'Olympe, le territoire commun à tous les dieux. Mais on ne l'y vit jamais beaucoup : l'administration de ses sujets, les morts, que les Romains appelaient « les Plus-Nombreux », l'occupait presque entièrement.

Lorsqu'un nouveau sujet de Pluton — un mort — se présentait aux frontières de l'Hadès, il arrivait d'abord sur la rive d'un fleuve aux eaux noires et paresseuses, le Styx. Pour le franchir, il devait alors monter dans une barque mais le passeur, Charon, lui demandait le prix du passage. Il s'agissait d'une petite pièce de monnaie que les Grecs appelaient une « obole ».

Si le mort n'avait pas d'argent, son âme — les Grecs et les Romains disaient son « ombre » — restait sur les bords du Styx sans connaître le repos et gémissant sans fin. A moins qu'elle ne retourne se plaindre aux vivants sous la forme d'un fantôme. Aussi plaçait-on soigneusement

sur la langue du mort la fameuse obole. Puis on l'enterrait ou on le brûlait : ne pas le faire était un sacrilège très grave.

A tel point que les Athéniens condamnèrent à mort leurs amiraux, qui venaient pourtant de gagner une grande bataille navale, parce qu'ils n'avaient pu donner de sépulture aux victimes athéniennes ! On retrouve le même sujet dans l'histoire d'Antigone, jeune fille dont nous ferons la connaissance en parlant du roi Oedipe.

Charon

Charon, le batelier, transportait donc l'ombre du défunt de l'autre côté du Styx. Les Grecs se le représentaient comme un grand vieillard maigre et triste. Les Romains, au contraire, l'imaginaient sous la forme d'un être horrible avec un menton en galoche et de petits yeux cruels, un nez crochu et des cornes. Cette différence de représentation s'explique assez facilement : les Romains, dans ce domaine, étaient très influencés par leurs voisins du nord, les Étrusques, qui avaient une triste idée de l'au-delà.

Cependant, lorsque le mort avait franchi le Styx, il se trouvait devant une haute porte de bronze gardée par un effroyable chien à trois têtes : le terrible Cerbère. Celui-ci n'était pas là pour empêcher les gens d'entrer, mais au contraire de sortir !

Une fois passée la porte de bronze, le mort se présentait devant trois juges impassibles qui examinaient ses actions pendant sa vie.

Le jugement des morts

Ces trois juges, Minos, Éaque et Rhadamanthe, personnages réputés de leur vivant pour leur sagesse, décidaient du sort éternel du défunt. Il était très rare qu'Hadès intervienne personnellement. Suivant ce qu'il avait fait, le mort serait envoyé vers la Plaine des Asphodèles, aux champs Élysées ou dans le Tartare.

La plupart des morts, ceux qui n'avaient commis ni bien ni mal véritables, allaient dans la Plaine des Asphodèles. C'était un endroit triste et plat, monotone, plongé dans une demi-obscurité,

Pluton et Plutus

Il semble étonnant que le sombre Hadès — Pluton pour les Romains — ait eu pour épouse la charmante fille de Déméter, Coré-Perséphone. C'est cependant assez logique, si l'on pense que Pluton règne sur le sous-sol, autrement dit dans les profondeurs de la terre fertile. C'est dans la terre, en effet, que germent les graines : endormies au cours de l'hiver, elles sortent au printemps, en même temps que Perséphone. Il s'agit donc d'une représentation de la fertilité ! Le nom de Pluton évoque d'ailleurs bien cette fertilité, puisqu'il signifie « le riche ».

Riche, Hadès l'est de nombreuses façons. Outre la fertilité de la terre, son royaume souterrain renferme également des trésors. D'autre part, il s'enrichit constamment de nouveaux sujets. Jamais un seul mort ne disparaît du royaume des ombres !

Mais Pluton n'est cependant pas le dieu de la richesse. Il existe en effet une autre divinité — ou plutôt une allégorie, c'est-à-dire la personnification d'une idée abstraite —, que les Romains nomment Plutus.

Selon la légende, Plutus était fils de Déméter — nous la retrouvons ici — et de Iasion. Il protégeait les récoltes abondantes. On disait aussi que Zeus l'avait rendu aveugle pour qu'il soit impartial !

◁ *Après leur mort, les héros allaient aux champs Élysées, une sorte de paradis. Les criminels étaient jetés dans le Tartare, pour y être sans fin suppliciés. Quant au commun des mortels, il gagnait la « Plaine des Asphodèles ». Là, entre les grappes de pâles fleurs blanches, les ombres des morts erraient, marchant sans but comme sans espoir et presque sans forces.*

△
La violence est partout présente dans la mythologie. Mais tous les meurtres ne sont pas punis dans l'au-delà.

△
Cet élégant personnage, qui vérifie sa coiffure dans un miroir, provient des fresques d'une tombe.

Les filles de Danaos assassinèrent ▷ leur mari ! Zeus les condamna à emplir un tonneau sans fond.

où il ne se passait jamais rien. Les morts y erraient à l'aventure, sans but, désœuvrés, ruminant leurs souvenirs.

Les héros remarquables partaient pour les champs Élysées, endroit merveilleux où l'on festoyait à volonté, une sorte de paradis. Les champs Élysées récompensaient les grandes actions, plutôt que les bonnes actions. Tuer un géant ou un dragon, par exemple, est à coup sûr une grande action, un exploit mémorable ; ce n'est pas forcément une bonne action, surtout si le dragon ne vous a rien fait.

Quant au brave homme qui avait toute sa vie aidé ses voisins, secouru les pauvres et bien traité ses esclaves, il allait tout droit à la Plaine des Asphodèles. Cette récompense des seuls exploits était donc d'une morale assez primitive.

De Sisyphe à Tantale

En revanche, les « contre-exploits », les crimes sortant de l'ordinaire, valaient à leurs auteurs d'être précipités dans le Tartare, où ils rejoignaient les Titans déchus, et où les attendaient des supplices horribles, à la mesure de leurs méfaits.

Certains de ces crimes épouvantables concernaient ce que les Grecs appelaient la démesure, « l'hubris », c'est-à-dire l'orgueil fou de l'homme qui veut égaler les dieux. Ils étaient punis par des châtiments terribles. Sisyphe, par exemple, qui avait trompé la mort et dénoncé Zeus auprès d'Héra, poussait inlassablement le long d'une pente un énorme rocher qui retombait toujours. Les cinquante filles de Danaos, les célèbres Danaïdes, avaient toutes — sauf une ! — tué leur mari le soir de leur mariage. Elles étaient condamnées à remplir perpétuellement un tonneau sans fond. Quant à Tantale, qui avait servi aux dieux la chair bouillie de son propre fils, il souffrait d'une soif et d'une faim torturantes auprès d'un arbre chargé de fruits et d'une rivière : dès qu'il avançait la main pour boire, l'eau se retirait. Dès qu'il voulait cueillir un fruit, la branche remontait hors de sa portée.

De là viennent des expressions telles que « c'est le rocher de Sisyphe » ou « c'est le tonneau des

△
Les Érinyes, que les Romains appelaient les Furies, poursuivaient certains criminels pendant toute leur vie, armées de fouets et de torches. Ceux qu'elles pourchassaient devenaient fous furieux. Elles symbolisaient pour les Anciens le remords. Ci-dessous, vous découvrez des Érinyes telles que les imagine Gustave Doré, un très célèbre artiste du siècle dernier. Il illustre ici L'Enfer *de Dante, un poète italien qui vivait aux* XIIIe *et* XIVe *siècles.*
▽

Danaïdes », qui désignent un travail fastidieux et toujours à refaire, ou encore « c'est le supplice de Tantale », qui exprime l'impossibilité d'obtenir quelque chose qui est à sa portée.

Les fleuves des Enfers

Après le Styx, plusieurs autres fleuves coulaient dans l'Hadès, le Phlégéton, par exemple, ou le Léthé. Quiconque buvait de l'eau de ce dernier oubliait tout à l'instant même : les ombres n'avaient même plus de souvenirs pour meubler l'ennui terrible de la Plaine des Asphodèles. Il fallait donc bien se garder d'en boire. Les deux derniers fleuves étaient le Cocyte et l'Achéron.

L'Hadès, pensaient les Anciens, possédait plusieurs entrées sur la Terre, par lesquelles on pouvait y descendre et parfois en ressortir. Généralement, il s'agissait de lacs volcaniques ou de grottes profondes. Mais rares étaient ceux qui les empruntaient. Il n'y eut guère, dans toute la mythologie, que Thésée, Héraclès, Énée et, surtout, Orphée.

Le culte des morts à Rome

Les Grecs, nous l'avons vu, avaient peur des fantômes, mais les Romains, influencés par les Étrusques, les craignaient encore bien davantage.

Mithra

A partir de notre ère, de nouvelles religions promettaient une vie après la mort, sanctionnant les mérites de chacun pendant sa vie terrestre. Ce fut bien sûr le cas du christianisme, mais aussi du culte de Mithra.

Une grande partie de leurs cérémonies étaient destinées à les « conjurer », c'est-à-dire à les empêcher de revenir tourmenter les vivants. Ils redoutaient surtout les âmes des criminels et celles de leurs victimes, qu'ils appelaient des « larves » ou des « lémures ». Pour s'en débarrasser, ils célébraient tous les ans des cérémonies spéciales. Par exemple, le 15 mai, ils jetaient du haut d'un pont trente mannequins d'osier dans le Tibre.

Les Érinyes

Hadès avait aussi à sa disposition un certain nombre de divinités spécialisées, chargées de punir les méchants. Les plus importantes s'appelaient les Érinyes. Elles étaient les terribles esprits de la vengeance et du châtiment. Les Romains les appelaient les « Furies », nom par lequel on désigne encore de nos jours certaines femmes très en colère. Les trois Érinyes avaient pour nom Alecto, Tisiphone et Mégère : encore un terme évocateur !

Cependant, les Grecs les appelaient prudemment les Euménides, « Celles-qui-vous-veulent-du-bien » : en les nommant ainsi, ils ne risquaient pas de les offenser. On les qualifiait aussi, très poliment, de « Semnai Théaï », de « Vénérables Déesses ». En fait, tout le monde les craignait.

Sur Terre, elles poursuivaient implacablement les criminels, armées de torches et de fouets. Elles n'abandonnaient jamais le coupable, à moins qu'un dieu ou ses prêtres veuillent bien le purifier de ses fautes.

Comme elles frappaient souvent leurs victimes de folie, on les appelait aussi les « Maniaï ». De là vient notre mot de « manie ». Le « maniaque » est, au sens propre, l'homme poursuivi par les Érinyes ou les Furies, le « Furieux ».

△
Une mosaïque de Pompéi représente les emblèmes de la mort et de la vanité des occupations humaines : le crâne, la roue de la fortune, le niveau égalitaire, le bâton du voyageur, la pique du soldat. Ce memento mori *(souviens-toi que tu es mortel) n'est pas destiné à effrayer, mais incite au contraire à profiter de l'existence. Des siècles plus tard, les artistes de la Renaissance reprendront ce thème, mais dans un but opposé : montrer l'inutilité et la futilité de la vie terrestre, afin de préparer son salut dans l'au-delà. Grecs et Romains sont très éloignés de cette sensibilité, qui fait appel à la notion de péché.*

DÉMÉTER ET SA FILLE PERSÉPHONE

La déesse des moissons, la Jeune Fille et la Mort.

△ En grec ancien, « jeune fille » se dit « koré ». Sous ce nom on désigna Perséphone, la jeune fille par excellence... et toute statue représentant une jeune fille.

Dans le galop terrifiant de ses chevaux ▷ bleus, Hadès, le roi des morts, enlève Perséphone. Malgré ce rapt, ils vivront en bonne intelligence.

On voyait rarement Déméter dans l'Olympe, bien qu'elle fût l'une des plus grandes déesses, la propre sœur de Zeus et d'Héra. Elle préférait la Terre des mortels, surtout les champs cultivés et fertiles : elle était la déesse des moissons et de l'abondance.

Elle avait pour fille la très jolie Perséphone. Mais celle-ci était encore une enfant, trop jeune pour vivre dans l'Olympe, et Déméter la faisait élever en Sicile.

Un amour d'Hadès

C'est là, en Sicile, qu'Hadès, le sombre seigneur, aperçut Perséphone. On imagine assez mal le dieu des morts amoureux, et pourtant cela arriva ce jour-là. Il pensa que cette ravissante jeune fille serait une compagne idéale pour partager son riche mais austère palais et il en parla sans plus tarder au père de Perséphone, son frère Zeus. Celui-ci n'osa pas refuser et laissa faire.

Un beau matin, Perséphone cueillait des fleurs dans la campagne avec ses amies. Soudain, elle aperçut, un peu à l'écart, un magnifique narcisse. Mais un narcisse comme on n'en voit jamais, une véritable grappe de fleurs !

Avec un cri de surprise, la jeune fille se précipita pour cueillir cette fleur étonnante, s'éloignant de ses camarades. Elle allongeait déjà la main quand... dans un grondement de tonnerre, une énorme crevasse s'ouvrit dans le sol, presque sous ses pas. Et de la crevasse, émergea dans un galop furieux un char noir attelé de deux chevaux si sombres qu'ils en paraissaient bleus. Et debout sur le char, le redoutable Hadès en personne ! Le dieu enleva Perséphone au passage et la jeta dans le char qui redescendit, au milieu d'un roulement de bronze sonore, dans les profondeurs de la Terre. La crevasse se referma avec un bruit sourd : personne n'avait vu l'enlèvement de Perséphone ... ou presque.

Le chagrin de Déméter

Affolée, Déméter chercha sa fille partout. Personne ne put la renseigner. Elle erra en pleurant pendant neuf jours et neuf nuits, cherchant inlas-

Les mystères d'Éleusis

Outre les sacrifices officiels ou privés, et les grandes cérémonies religieuses en l'honneur de tel ou tel dieu, les Anciens connaissaient une autre forme de culte : les Mystères. Il s'agissait de cérémonies secrètes auxquelles on ne pouvait assister qu'après avoir subi une initiation. Les plus célèbres de ces mystères étaient ceux de Déméter, à Éleusis, une ville de Grèce. Que s'y passait-il exactement ? On ne le sait pas très bien. Il semble que le moment principal en était la présentation aux initiés d'un « épi de blé cueilli en silence ». Quoi qu'il en soit, le secret a été bien gardé.

Cette célèbre stèle d'Éleusis représente Triptolème entre Déméter et Koré. Déméter chargea ce jeune garçon de répandre la culture du blé à travers le monde. Il le semait du haut de son char attelé de dragons. ▽

sablement Perséphone et passant la nuit chez des paysans. Et c'est alors qu'elle commit la seule méchanceté qu'on ait jamais pu lui reprocher.

Affamée et épuisée, elle arriva un soir dans un hameau. Une vieille femme compatissante lui offrit à dîner, sans la reconnaître.

Déméter se mit à manger avec une telle voracité que le fils unique de la paysanne se moqua d'elle grossièrement :

— Est-ce ainsi que l'on se tient à table ? Où as-tu été élevée ? Nos cochons mangent avec plus d'élégance !

La déesse, courroucée, jeta à l'enfant un regard noir et sans répondre lui lança au visage le reste de son bol. Le garçon poussa un cri. Déméter regrettait déjà son geste, mais il était trop tard : l'enfant, transformé en lézard, disparut à travers une fente du mur.

L'embarras de Zeus

Déméter, en désespoir de cause, alla se plaindre à Zeus, réclamant sa fille en sanglotant. Le roi des dieux ne dit rien ; il se doutait bien qu'Hadès était le coupable, mais il lui avait promis de ne pas intervenir. Finalement, ce fut Hélios, le Soleil à qui rien n'est caché, qui indiqua à Déméter le nom du ravisseur. Très embarrassé, Zeus tenta alors d'expliquer à la pauvre mère quel parti avantageux était Hadès pour sa fille.

Déméter se tut mais cessa de s'occuper de la Terre. Plus rien ne poussa, les moissons séchèrent, les troupeaux moururent. Plus de viande, plus de sacrifices : les dieux eurent faim, de plus en plus faim ! Il fallait en finir.

Zeus se décida à convoquer son frère et réunit le tribunal des dieux.

Hadès comparut et reconnut le plus simplement du monde avoir enlevé Perséphone. Oui, elle se trouvait effectivement chez lui, dans son palais souterrain. Seulement, il refusait de la rendre. Déméter n'avait qu'à la lui donner officiellement en mariage. La déesse, de son côté, voulait récupérer sa fille avant toute chose : on discuterait ensuite. Le cas semblait à peu près insoluble.

Tout bien réfléchi, Zeus jugea que, dans l'intérêt de tous, Perséphone devait retrouver sa mère. A une condition, cependant : Hadès ne rendrait sa prisonnière que si, au cours de son année de captivité, elle avait été assez triste pour avoir refusé de manger.

Les trois pépins de grenade

Or il apparut, après enquête, que Perséphone avait mangé. Oh, certes, pas grand-chose, trois pépins de grenade seulement ! C'était peu, mais suffisant, bien que Déméter soutînt le contraire. Zeus trouva encore une fois un moyen terme :

Désespéré par la disparition de sa fille, Déméter la cherche pendant des mois. Épuisée, elle demande un soir l'hospitalité à une vieille femme. Mais son jeune garçon, à l'esprit moqueur, trouve que la déesse se jette avec trop de voracité sur la nourriture. Déméter, en colère, lui lance son bol au visage. L'enfant se retrouve instantanément transformé en lézard... et disparaît dans la muraille. Cette histoire, la seule où Déméter se laisse aller à la méchanceté, n'empêchait pas les Grecs de l'appeler fréquemment « la bonne déesse ».
▽

△
Zeus a tranché : Perséphone restera neuf mois avec Déméter, et trois mois avec son mari Hadès. Pendant ces trois mois, la déesse des moissons pleure et se désole. La nature semble morte. C'est l'hiver.

Perséphone vivrait trois mois par an sous terre avec son mari Hadès — un mois par pépin — et resterait les neuf autres mois avec sa mère.

Chacun s'inclina devant cette décision et Déméter, à peu près satisfaite, fit de nouveau pousser les moissons dorées, engraisser les troupeaux, et les dieux purent sentir comme avant la bonne odeur de la graisse fumante qui rissolait sur leurs autels. L'affaire se terminait donc à la satisfaction générale, car Perséphone mena finalement une vie très heureuse avec son terrible mari. Ils formèrent toujours un couple très uni.

Mais trois mois par an, Déméter pleure sa fille qui est sous la terre, et les feuilles se flétrissent et tombent, les graines ne germent pas et restent cachées, les arbres semblent morts : c'est l'hiver. Puis, brusquement, tout reverdit, la nature renaît : Perséphone est de retour.

Cérès la Romaine

Les Romains appelaient Déméter « Cérès ». Ce nom provient d'un mot disparu, « ker », qui signifie « la croissance », en indo-européen. On sait en effet aujourd'hui que les Grecs et les Romains descendaient d'un peuple disparu qui avait jadis envahi l'Europe et une partie de l'Asie, jusqu'à l'Inde. C'est pourquoi on parle des « Indo-Européens ». Presque toutes les langues utilisées du nord de l'Europe au sud de l'Inde ont ainsi de très anciennes racines communes. On le comprend bien en rapprochant, par exemple, ce terme, « ker », de notre mot « céréales » et du nom de la déesse des moissons des îles de la Sonde, « Serri ».

Cérès était une très ancienne divinité romaine, la plus importante pour les habitants des campagnes puisqu'elle est la déesse de la terre-qui-produit-les-moissons. De nombreuses petites divinités l'accompagnaient.

Ce n'est que lorsque les Romains établirent des correspondances entre leurs propres dieux et ceux des Grecs — ce que l'on appelle le *syncrétisme* — qu'ils attribuèrent une fille à Cérès. Cette fille fut naturellement la déesse des Enfers, Proserpine. Mais cette Proserpine romaine était bien moins aimable que la douce Perséphone grecque.

APOLLON ET ARTÉMIS, LES ENFANTS DE LÉTO

Les redoutables seigneurs de la lumière.

△
Cet athlète rayonnant, à la coiffure finement tressée, est Apollon, tel que l'imaginait un artiste étrusque du ve siècle. L'Apollon de Véies, ville où il fut trouvé, demeure l'une des plus célèbres représentations du dieu.

Cronos et Rhéa, outre les cinq enfants dont nous venons de parler, avaient eu une dernière fille, Hestia, la gardienne du foyer domestique. Mais la mythologie ne nous a guère laissé de légendes à son sujet.

Pourtant, la famille divine ne s'arrêtait pas là ; en effet, les dieux et les déesses se mariaient entre eux et avaient des enfants, tout comme les Titans. Ces enfants, dieux comme leurs parents, vivaient également dans l'Olympe, mais ils avaient évidemment d'autres attributions que leurs père et mère. Ceux qui s'occupaient de la lumière, dieu du Soleil ou déesse de la Lune, ont été, croit-on, « empruntés » par les Grecs aux peuples vivant plus à l'est, aux peuples orientaux. Car ces divinités portent volontiers un arc, une arme qui n'est pas très grecque (ni romaine, d'ailleurs). Le vrai guerrier grec utilisait plutôt l'épée et la lance. Mais même si ces dieux ont réellement une origine orientale, elle est si lointaine que les Grecs avaient eu le temps de les assimiler et de les modifier au point d'en faire des dieux classiques à part entière.

Le palmier de Délos

Zeus avait aimé une nymphe, Léto. Et voilà que la rancunière Héra interdisait à toute terre connue d'accueillir la pauvre jeune femme sur le point d'accoucher !

Léto erra longtemps, repoussée de partout. Le désespoir la gagnait lorsque Poséidon prit enfin pitié d'elle : il fit surgir de la mer une terre nouvelle et inconnue, une île flottante nommée Délos. Une île bien sauvage, puisqu'il n'y poussait qu'un palmier. Mais une île accueillante ; elle reçut volontiers Léto qui se suspendit par les mains aux branches du palmier et put enfin mettre au monde deux enfants, Apollon et Artémis. Héra n'avait rien à dire, Léto n'était sur aucune terre connue.

Apollon, le dieu à l'arc

L'un des jumeaux, Apollon, allait devenir le maître de la lumière. Ce splendide jeune homme au visage rayonnant, d'une beauté extraordinaire,

△
Apollon et Daphné, sculptés par le Bernin, un artiste italien du XVIIe siècle. La nymphe, qui va être rejointe, appelle Zeus à son secours. Celui-ci la transforme aussitôt en laurier. Dépité, Apollon se fera une couronne du feuillage et le laurier deviendra son symbole.

*Le satyre Marsyas, virtuose de la flûte ▷ double, l'*aulos*, défie Apollon et sa lyre dans un concours de musique. Le dieu se montrera un impitoyable vainqueur : il écorchera vif le malheureux satyre.*

régnait aussi sur tout ce qui est beau et brillant, la santé, la musique, la poésie, la lumière du jour, tout ce qui resplendit et réjouit le cœur.

Apollon était aimable et gai, mais quand il se mettait en colère, il valait mieux s'enfuir au plus vite, car alors il devenait impitoyable. Il portait un arc d'argent et ses terribles flèches frappaient juste, portant la maladie et la mort à ceux qui l'avaient offensé. Apollon dominait en maître la santé et la maladie.

De temps en temps, en hiver, il disparaissait : il allait alors rendre visite à ses amis, les « Hyperboréens », un peuple mystérieux qui habitait « au-delà du vent du nord ».

Il régnait également sur la musique et la poésie (toutes deux sont inséparables pour les Grecs : un poème dit à haute voix est toujours accompagné à la lyre ou à la cithare). Pourquoi la musique ? Peut-être parce que l'arc et la lyre possèdent l'un et l'autre des cordes tendues qui produisent un son vibrant.

Mais Apollon n'aimait pas les concurrents. Un satyre nommé Marsyas prétendit un jour qu'il jouait mieux de la flûte que le dieu ne jouait de la lyre. Un concours eut lieu, Apollon fut déclaré vainqueur. Et il tua aussitôt le malheureux satyre.

La plupart des grands musiciens légendaires avaient Apollon pour maître ou au moins pour professeur.

Daphné et le laurier

Les aventures sentimentales d'Apollon furent innombrables, mais ne se terminaient pas toujours très bien. Un jour qu'il faisait la cour à une nymphe, appelée Daphné, la jeune fille refusa de l'écouter et s'enfuit en courant. Apollon la poursuivit. Daphné allait être rejointe lorsqu'elle supplia Zeus de lui venir en aide. Celui-ci ne voulait pas mécontenter son fils en contrariant ses amours, mais il ne pouvait pas non plus abandonner une nymphe qui l'appelait au secours. La seule solution qu'il trouva fut de métamorphoser subitement la jeune fille. Daphné sentit soudain son corps changer, sa peau devenir une écorce lisse, ses doigts se couvrir de feuilles, ses pieds s'enfoncer sous terre comme des racines à la recherche de sucs vivifiants... !

△
Apollon tue de ses flèches le monstrueux serpent Python. Sur son antre, il fonde son propre sanctuaire, à Delphes. C'est là que la Pythie rendra l'oracle du dieu. Un oracle qui deviendra le plus célèbre lieu de culte de la Grèce. Le serpent est un très ancien dieu de la Terre. On peut penser que cette légende reflète le remplacement d'un culte local par celui de la lumière, sans doute venu d'Orient.

Dépité, Apollon prit sa revanche en cueillant une branche du nouvel arbre, dont il se fit une couronne. Cet arbre, c'est le laurier toujours vert d'Apollon, et la couronne de laurier est encore de nos jours le symbole de la gloire dans les arts.

Les oracles d'Apollon

Apollon était cependant surtout célébré pour ses talents de devin et de médecin. Le plus grand oracle de la Grèce se trouvait dans son temple, à Delphes.

Les oracles étaient des sortes de prophéties que les dieux faisaient parvenir aux hommes par différents moyens. A Dodone, par exemple, il s'agissait d'interpréter le bruissement du vent dans une forêt de chênes. A Delphes, Apollon se manifestait par les cris et les murmures d'une sorte de prêtresse qu'on appelait la Pythie. Enfermée dans un temple obscur, elle était assise sur un trépied au-dessus d'une fente du sol d'où s'échappaient des vapeurs. A demi asphyxiée, elle entrait en transe et jetait des cris inarticulés que les prêtres expliquaient ensuite. Chose étrange pour le dieu de la poésie, ces oracles étaient le plus souvent rédigés en très mauvais vers grecs.

Certaines de ces prophéties, de ces oracles, se révélaient d'une exactitude étonnante. Mais beaucoup avaient un double sens. Ainsi, quoi qu'il advienne, l'oracle avait toujours raison.

Souvent, le dieu conseillait simplement une

△
Le site de Delphes demeure l'un des plus beaux de Grèce. Au premier plan s'ouvrent les gradins du théâtre et, en contrebas, les ruines du temple d'Apollon.

cérémonie de purification ou un rite particulier destinés à se concilier la bonne chance, ce qui n'engageait à rien. Ces rites servaient également à soigner les maladies. Dans certains cas, il fallait respirer la fumée d'herbes qui se consumaient, traitement qui porte le nom de « fumigations » et que nous connaissons toujours. Les temples d'Apollon étaient donc souvent aussi des centres de soins, et le plus célèbre fils du dieu, Asclépios, était un grand médecin.

La naissance d'Asclépios

En ce temps-là, le corbeau était blanc. La jeune Coronis attendait un enfant et Apollon en était le père. Il en manifestait beaucoup de joie, mais la jeune femme savait combien les dieux se lassent vite des jolies mortelles, parce que les jolies mortelles vieillissent, tandis que les dieux restent toujours jeunes. Prudente, Coronis décida de choisir, pour compagnon de sa vie, un simple berger.

Mais le corbeau surprit un jour les deux jeunes gens : plein de zèle, il alla à tire-d'aile prévenir Apollon. Le dieu n'avait pas l'habitude d'être ainsi quitté le premier. Il entra dans une violente colère qui se tourna d'abord contre le messager : le corbeau devint noir ! Puis, sans vouloir rien entendre, Apollon tua Coronis d'une flèche.

Quant à l'enfant, il le recueillit et, un peu honteux de son geste, le confia au vieux centaure Chiron qui élevait volontiers les fils des rois ou des héros. Chiron s'occupa bien du nourrisson, mais il était très intrigué par les espèces de décharges lumineuses qui sortaient du corps de l'enfant. Selon la volonté d'Apollon, celui-ci fut appelé Asclépios.

Un médecin trop habile

Asclépios grandit vite et Chiron l'aimait beaucoup. C'était un garçon studieux, obéissant, extrêmement intelligent, et dont les aptitudes extraordinaires pour tous les problèmes de médecine étonnèrent bientôt le vieux centaure.

Chiron était lui-même un fort habile médecin, et il apprit à son protégé tout ce qu'il savait sur les

Un dieu vraiment complexe

Apollon possédait certaines « attributions » qui nous paraissent aujourd'hui plutôt bizarres. Il existe, par exemple, un Apollon-tueur-de-rats, *Apollon smintheus.* Or il semble en effet que les rats sont très sensibles aux rayons ultraviolets et qu'ils ne peuvent s'exposer longtemps au soleil.
Et saviez-vous que les premiers médecins étaient des prêtres d'Apollon ? Les médecins grecs, d'ailleurs, importèrent leur science à Rome en même temps que le culte du dieu.

△
Ce personnage resplendissant n'est autre que le roi Louis XV. Il joue ici le rôle d'Apollon dans l'opéra Phaéton.
C'est ainsi que l'on imaginait le costume antique au XVIIIe siècle, au théâtre.

△
Une Diane chasseresse dans le parc de Versailles... A travers les siècles, les artistes se sont inspirés de l'Antiquité.

△
Coiffé de lauriers, ce personnage offre un sacrifice au dieu Apollon.

Artémis, la chasseresse nocturne, découvre ▷ dans un bois le beau chasseur Endymion. Elle en devient aussitôt amoureuse, mais attendra son réveil pendant trente ans, selon la volonté de Zeus.

plantes, leurs pouvoirs de guérison et la façon de les utiliser. En quelques années, Asclépios eut dépassé son bon maître à quatre pattes et devint le plus fameux médecin de la Grèce.

La célébrité d'Asclépios grandissait toujours davantage. De tous les points du monde connu, on venait le consulter. Aucune maladie ne lui résistait. Sa réputation devint telle qu'un jour, un roi lui proposa une grosse somme d'argent pour ressusciter son fils qui venait de mourir. Asclépios hésita. Il s'agissait d'aller à l'encontre des lois naturelles et l'argent ne l'intéressait sans doute pas beaucoup. Mais le désir de montrer ce qu'il pouvait faire l'emporta. Il accepta... et ressuscita le jeune homme.

Hélas ! Il avait gravement offensé les puissances divines. Un tel miracle risquait de bouleverser le monde. Zeus foudroya à l'instant même ce médecin trop habile.

La vengeance d'Apollon

Apollon, qui était très fier de ce fils exceptionnel, fut bouleversé de sa mort. Fou de colère, il cribla de ses flèches une partie des Cyclopes. Pourquoi eux ? Parce qu'ils forgeaient les foudres de Zeus. Le roi des dieux ne pouvait admettre cette vengeance, naturellement. Offensé à son tour, il exila pour un an Apollon de l'Olympe, le condamnant à servir le roi Admète. C'était la seconde fois qu'il le bannissait, puisqu'il l'avait chassé pour s'être révolté contre lui en même temps que Poséidon et Héra.

Après la mort d'Asclépios, sa science ne fut pas perdue. Ses fils Machaon et Podalire furent les médecins de l'armée grecque qui assiégeait Troie. En revanche, le secret qui permettait de ressusciter les morts ne fut, lui, jamais retrouvé.

Artémis, la déesse des terres sauvages et de la nuit

Artémis était la sœur jumelle d'Apollon. Mais autant son frère se plaisait dans la lumière et les arts savants, autant Artémis chérissait la nuit, les étoiles et les chasses sauvages dans les forêts et les landes incultes. Car c'est la nuit et loin des hom-

△
Artémis porte ici sur le front un croissant de Lune. Déesse de la nuit, elle est en effet souvent assimilée à Phoébé, la « vraie » déesse de la Lune.

△
En réalité, Artémis est « la déesse des bêtes sauvages et de la nuit ». Elle devient même, sous le nom d'Hécate, la maîtresse de la magie. La chasse, telle cette poursuite d'un sanglier avec un épieu et un chien courant, entre dans les attributions de la déesse.

mes que sortent les bêtes sauvages, comme les biches, que la déesse aimait par-dessus tout.

Grecs et Romains la craignaient un peu, car ils associaient son nom aux puissances nocturnes ; ils l'appelaient alors Hécate.

Le premier exploit d'Artémis, qui contribua beaucoup à la faire craindre, fut de venger, en compagnie d'Apollon, leur mère Léto. Des paysans s'étaient en effet moqués de la malheureuse lorsqu'elle s'enfuyait devant la colère d'Héra, cherchant un endroit pour accoucher. Le frère et la sœur retrouvèrent ces paysans et les changèrent en grenouilles !

Mais la plupart du temps, Artémis courait les bois, chassant, son arc d'or à la main comme un croissant de lune, escortée de farouches jeunes filles, les Nymphes ses amies. Malheur à l'indiscret qui les épiait ! Le pauvre chasseur Actéon en sut quelque chose.

Actéon l'indiscret

Actéon était un jeune homme qui parcourait nuit et jour les bois à la recherche du gibier. Un jour, il crut discerner un animal en mouvement au-delà des broussailles, près d'une source. Sans bruit, il s'approcha et découvrit... Artémis et ses Nymphes qui se baignaient nues dans la source. Fasciné, il contemplait en silence le bain de la déesse, quand soudain celle-ci le vit. Le crime n'était peut-être pas très grand, mais pour la chaste Artémis, il y avait là plus qu'une indiscrétion : une offense impardonnable ! Sans hésiter, elle changea en cerf le trop curieux Actéon. Ses chiens, ne le reconnaissant plus, lui sautèrent à la gorge et l'étranglèrent.

La farouche Artémis eut pourtant un grand amour, Endymion, un autre chasseur.

Zeus avait condamné le malheureux à dormir pendant trente ans, sans se réveiller. Une nuit, Artémis le découvrit ainsi, paisiblement étendu dans une clairière au clair de lune, et l'admira. Et nuit après nuit, elle revint le voir et l'admirer, jusqu'au soir où il se réveilla. Alors, elle ne put résister : elle l'aimait trop. Artémis et Endymion eurent plusieurs enfants, mais c'est la seule aventure sentimentale que l'on connaisse à la sauvage déesse des bois et de la nuit.

HÉLIOS, PHAÉTON ET LE CHAR DU SOLEIL

Seul un Titan pouvait conduire et maîtriser les fougueux chevaux attelés au char du Soleil.

△
Le brillant char du Soleil est devenu tout simplement... un robuste chariot à foin ! Cette représentation n'a rien d'antique. Elle apparaît sur une faïence italienne du XVIe siècle, où la chute de Phaéton a le charme de la naïveté.

Apollon était le dieu de la lumière. Mais la clarté avait un autre dieu, un dieu spécialisé : le Soleil. Pour qu'il y ait de la lumière, en effet, des astres, comme le Soleil ou la Lune, doivent briller dans le ciel. Qui donc dirigeait le Soleil dans sa course quotidienne et régulière ? On croit souvent qu'il s'agissait d'Apollon, mais en réalité, c'était un autre dieu, nommé Hélios, qui portait le même surnom qu'Apollon : Phoïbos ou Phébus, « le brillant ».

Hélios était fils de deux Titans, Hypérion et Théia, et donc cousin des dieux olympiens. Tout le jour, il guidait à travers le ciel le char flamboyant attelé de quatre chevaux blancs qui éclaire le monde. Tous les soirs, arrivé à « l'extrême ouest de l'Occident », il regagnait « l'extrême est de l'Orient » en s'embarquant sous la Terre dans une grande coupe d'or qui flottait sur les eaux du fleuve Océan, celui qui entoure toutes les terres connues. Hélios regagnait ainsi la merveilleuse demeure qu'il occupait avec ses sœurs, l'Aurore et la Lune, « Eôs » et « Séléné ». Dans ce splendide palais entièrement blanc et or, il était toujours midi. Au moment où Hélios rentrait, sa sœur Séléné partait sur son char d'argent, attelé de chevaux noirs ; ils ne se rencontraient donc presque jamais.

Phaéton

En parcourant le ciel du haut de son char, Hélios voyait tout, entendait tout. Et les hommes le prenaient fréquemment à témoin dans les serments. Lorsqu'on disait : « j'en jure par Hélios », cela signifiait : « c'est vrai, le Soleil peut en témoigner ». C'était un serment redoutable.

Malgré son emploi extrêmement régulier, Hélios avait de fréquentes aventures sentimentales et un grand nombre d'enfants.

L'un d'eux était le fameux roi Augias dont Héraclès dut un jour nettoyer les écuries. Sa fille la plus célèbre, la belle magicienne Circé, retint longtemps Ulysse dans son île et transforma son équipage en gorets.

Mais son enfant le plus connu reste Phaéton, le fils de Clyméné, une Océanide. Celle-ci lui avait raconté l'histoire de sa naissance et l'enfant s'en montrait extrêmement fier. Lorsqu'il disait en

Le colosse de Rhodes

A quoi ressemblait le célèbre colosse de Rhodes? Il s'agissait, assez simplement, d'une haute tour de bronze, représentant vaguement un homme avec les bras collés au corps. Il mesurait quand même 33 mètres de haut! Son architecte fut Charès de Lindos. Hélas, en 224 avant J.-C., le colosse fut renversé par un tremblement de terre. Découragés, les Rhodiens vendirent ses morceaux à un ferrailleur!

△
Seuls les Rhodiens rendaient un culte à Hélios. Le célèbre colosse a réellement existé. Les proportions que lui donne ici le cinéma américain sont un peu exagérées.

Dans le splendide palais d'Hélios, il était toujours midi. Le dieu du Soleil vivait avec ses sœurs Eôs, l'Aurore, et Séléné, la Lune, mais ils ne s'y rencontraient presque jamais. C'est dans ce palais qu'arrive Phaéton, pour retrouver son père. ▷

montrant le Soleil dans le ciel : « Voilà mon père qui passe ! », ses camarades ne se privaient pas de se moquer de lui.

Il en était très malheureux. Si malheureux qu'un beau jour, il décida d'aller en personne trouver Hélios pour savoir si, oui ou non, il était bien son fils.

Le voyage fut d'une longueur effrayante, car il s'agissait d'aller à « l'extrême est de l'Orient » ! Mais enfin, le jeune homme y parvint. La demeure d'Hélios, éblouissante, resplendissait d'or, de lumière et de marbre éclatant de blancheur. Phaéton en fut émerveillé.

A ce moment, le dieu rentrait après son immense course à travers le ciel. Phaéton se précipita vers lui, très ému. « Qu'est-ce qui t'amène ici, jeune homme ? » demanda gentiment le Soleil.

Le garçon lui expliqua la raison de son voyage.

« Mais bien sûr, mon cher Phaéton, dit Hélios en le serrant dans ses bras, tu es mon fils ! N'en doute pas un instant ! D'ailleurs, je veux te le prouver en exauçant le premier souhait que tu feras. J'en jure par le Styx ! »

Phaéton, enhardi, osa alors demander ce qu'il désirait par-dessus tout : que son père lui permît de conduire, une seule fois, rien qu'une journée, son char resplendissant. Hélios fut consterné. Il essaya d'expliquer à son fils combien il était difficile de guider le char, et même presque impossible pour tout autre que lui-même. Phaéton fut inébranlable. Hélios, la mort dans l'âme, mais lié par son serment, dut céder.

Le lendemain matin à l'aube, alors que le char d'Eôs, l'Aurore, était déjà parti en éclaireur, Phaéton monta donc dans le char du Soleil, fou de joie, serrant nerveusement les rênes et le fouet. Son père, extrêmement inquiet, retenait les chevaux frémissants en faisant à son fils mille recommandations. Puis il le regarda partir.

Le char du Soleil

Phaéton conduisit tout d'abord assez prudemment. Il ne s'écarta pas de l'ornière et resta à la bonne hauteur dans le ciel. Mais les chevaux semblaient si dociles et si faciles à mener qu'il se sentait de plus en plus fier d'accomplir si brillam-

Phaéton était bien le fils du Soleil.
Celui-ci le lui confirma
et lui promit de réaliser son vœu
le plus cher. Hélas !
Le jeune homme demanda la gloire
de conduire pendant toute une journée
le char flamboyant.
Hélios fut obligé, à regret,
de tenir sa promesse.
Négligeant les conseils de son père,
se sentant trop sûr de lui,
Phaéton ne sut pas guider l'attelage.
Il mit le feu au ciel, puis à la Terre.
Pour l'arrêter
dans sa course folle,
Zeus dut le foudroyer.
▽

ment une tâche aussi difficile. Son cœur débordait d'allégresse et d'orgueil.

Brusquement, l'un des chevaux fit un écart et le char se mit à monter. Le garçon s'affola un peu et tira maladroitement sur les rênes. Le char fit une terrible embardée et, sortant de la route tracée, ouvrit une immense déchirure dans le ciel — l'endroit que nous appelons la Voie lactée. Pris de vertige, Phaéton faisait tout de travers. Bientôt, le char, qui passait au-dessus de l'Afrique, frôlait le sol, transformant le pays en désert. La chaleur était telle que tout brûlait, la peau des habitants en devenait noire... et l'est restée.

Comment arrêter la catastrophe ?

Zeus, qui surveillait depuis un moment la singulière course du Soleil avec une inquiétude grandissante, n'hésita plus. Il foudroya l'imprudent et le précipita du haut de son char, tué net. Privés de maître, les chevaux se calmèrent peu à peu et commencèrent d'errer à l'aventure.

Hélios, désolé, partit à la recherche de ses bêtes, qu'il retrouva broutant tranquillement ce qui restait des pâturages de l'Éthiopie, région jadis fertile que le char flamboyant avait transformé lentement en ce pays torride et brûlé qu'elle est devenue aujourd'hui.

△
Le passage du char du Soleil, mal guidé par Phaéton, dessécha le sol et le rendit stérile. C'est ainsi que les Anciens expliquaient les déserts d'Afrique.

L'Aurore aux doigts roses

Hélios, nous l'avons vu, partageait son palais avec ses deux sœurs, Séléné, la Lune, et Eôs, l'Aurore.

Eôs était une déesse charmante, aussi jeune que jolie. Elle partait tous les matins, un peu avant Hélios, sur son char d'argent, pour éclairer la route. On l'appelait « l'Aurore aux doigts roses », bien jolie expression que l'on utilise depuis cette époque.

Vive et gracieuse, Eôs avait aussi le cœur tendre. Un jour, elle fit la connaissance de Tithon. Elle trouva le jeune homme gai et enjoué et en devint bientôt amoureuse. Ils s'entendaient à merveille.

Au bout de quelque temps, Eôs fut convaincue d'avoir rencontré le compagnon idéal. Mais, hélas, Tithon était mortel. La jeune déesse réfléchit, et trouva la solution à son problème. Elle alla voir Zeus, et lui expliqua l'affaire. Celui-ci l'écouta en souriant :

— Si je comprends bien, dit-il, tu souhaites rester toujours avec ton ami Tithon, mais tu crains qu'il ne meure un jour ? Nous allons arranger cela. Fais-le venir !

Ravie, Eôs conduisit le jeune homme sur l'Olympe. Là, Zeus lui donna à boire une coupe d'ambroisie, qui le rendit immortel. Le couple revint sur terre, enchanté, et coula désormais des jours pleins de douceur. Pourtant, à mesure que les années s'écoulaient dans le plus parfait bonheur, Eôs s'apercevait d'un phénomène terrible : Tithon vieillissait ! Elle comprit, horrifiée,

△
Eôs, la déesse de l'Aurore, avait demandé à Zeus d'accorder l'immortalité à son mari Tithon. Mais elle ne pensa pas à lui assurer aussi la jeunesse perpétuelle ! Tithon devint si rabougri que Zeus finit par le transformer en cigale.

qu'elle avait oublié quelque chose d'indispensable : en demandant pour son ami la vie immortelle, elle n'avait pas pensé à demander la jeunesse perpétuelle.

Et avec les années, Tithon devint lentement un vieux monsieur, puis un vieillard, mais il ne mourait pas. Il fut un jour si desséché et si rabougri qu'Eôs, qui était toujours aussi jeune et aussi belle, le laissait maintenant dans une chambre où il chantonnait doucement à mi-voix, comme font les très vieilles gens.

Il se ratatina tellement qu'il ressembla bientôt à un insecte.

Nous le connaissons bien, ce petit animal grisâtre, sec et ridé, qui chante interminablement dans les arbres tant que dure le jour : « Crrr ! Crrc ! Crrc ! ». Nous l'appelons la cigale, mais, bien sûr, c'est le vieux Tithon, l'ami de l'Aurore. Il ne sait plus que chantonner tout le jour, mais Eôs l'aime encore.

Maîtresse des bêtes féroces et de la nuit, Artémis est aussi une déesse qui vit hors du mariage. A l'opposé, les Ménades sont des femmes mariées qui ont abandonné leur famille pour suivre le dieu Dionysos. Elles portent les dépouilles de bêtes sauvages, qu'elles déchiquètent crues, avec les dents.
▽

Dans le palais d'Hypnos et de Morphée

Les dieux du jour et de la nuit étaient nombreux, on le voit. Nous avons fait la connaissance de certains d'entre eux, mais il en existait bien d'autres. Vous souvenez-vous de la Nuit elle-même, qui était sortie la première du Chaos originel ? Eh bien, la Nuit avait un fils assez peu connu : le Sommeil, Hypnos, dont le père était l'Érèbe, le fleuve des Enfers.

Hypnos habitait un immense palais silencieux, en sombre marbre lisse et noir où les rayons du soleil ne pénétraient jamais : il y était toujours minuit. Il poussait cependant, dans les calmes jardins qui l'entouraient, de très nombreuses fleurs, des pavots, ces grands coquelicots gris dont on tire de puissants somnifères.

Devant ce palais, le fleuve de l'Oubli coulait silencieusement.

Hypnos dormait sur un grand lit entouré de tentures noires. Auprès de lui se tenaient sans bruit les songes et les rêves que son fils et serviteur Morphée envoyait en son nom aux hommes. De temps en temps, Morphée faisait un signe, l'un des rêves se levait silencieusement et descendait visiter un mortel en passant par la porte que lui

△
Artémis, que les Romains appellent Diane, règne sur les animaux sauvages. Une biche l'accompagne souvent dans ses courses à travers les forêts.

désignait d'un geste le fils du Sommeil. Car le palais avait deux portes, l'une d'ivoire, l'autre de corne. Lorsqu'un songe devait se réaliser, Morphée le dirigeait vers la porte de corne. Mais les plus beaux rêves, ceux qui ne se réalisent jamais, passaient par la porte d'ivoire...

Les dieux de la clarté et des ténèbres à Rome

Les premiers Romains possédaient bien des divinités du jour et de la nuit, mais elles n'avaient guère de personnalité. Plus tard, selon leur habitude, ils adoptèrent toute la mythologie grecque à ce sujet. Apollon représente cependant un cas à part : en effet, les Romains n'avaient aucun dieu lui ressemblant de près ou de loin. Ils l'adoptèrent tout d'abord comme dieu de la médecine, parce que, dit-on, son culte avait été introduit en Italie par des médecins grecs. Ils l'adorèrent ensuite sous le nom vague et à résonance militaire d'Apollon Victorieux.

Mais les dieux de la lumière gardèrent d'une façon générale leur nom grec : Apollon reste Apollon, Séléné demeure Séléné, Phaéton s'appelle toujours Phaéton, etc.

Asclépios fut « romanisé » en Esculape. Seule, Artémis prit le nom d'une vieille divinité latine, une sorte de « maîtresse des bêtes féroces », Diane. Ce nom a la même origine que ceux de Jupiter ou Zeus : il signifie « la divinité ».

Les lupercales

Sans que l'on puisse parler de totem, les animaux sauvages représentent souvent l'emblème d'une cité ou d'une région : la chouette d'Athènes, le taureau de Crète, la louve de Rome...
C'est ainsi que l'on célébrait tous les ans à Rome la fête des *lupercales.* Très ancienne, cette fête était donnée en l'honneur des loups, ou plutôt de la louve qui, selon la légende, avait nourri Remus et Romulus dans la grotte du Lupercal.
Les douze *luperques,* recrutés dans deux anciennes familles exclusivement, accomplissaient le 15 février les rites de purification du territoire, de fécondité et de protection des bergeries contre les loups. A peine vêtus d'un pagne, ils parcouraient les rues de Rome en cinglant de lanières faites en peau de bouc tous ceux qui souhaitaient des enfants, la prospérité de leurs troupeaux ou de belles récoltes...

HERMÈS, LE DIEU DES ROUTES

S'il protège les marchands, Hermès est aussi le dieu des voleurs...

△
Coiffé du chapeau à larges bords du voyageur, le « pétase », Hermès parcourt le monde pour porter les messages de Zeus. Son nom vient du mot herma, *un tas de pierres écartées de la route, qui marquait les carrefours.*

Né le matin même, le petit Hermès n'est pas un enfant comme les autres. Le voici déjà très occupé à voler les bœufs d'Apollon. Il les tire par la queue pour brouiller les pistes. ▷

Un soir qu'Héra dormait profondément, Zeus quitta furtivement l'Olympe et prit sur la pointe des pieds la route du mont Cyllène, en Arcadie. Il s'en allait discrètement rendre visite à une nymphe nommée Maïa.

Quelques mois plus tard, la jolie Maïa mit au monde un enfant au regard vif et à l'intelligence précoce. Tellement précoce, même, que lorsqu'à midi (il était né à l'aube), le jeune Hermès trouva près de sa grotte natale une carapace de tortue qui traînait par terre, l'idée lui vint immédiatement d'y adapter trois morceaux de bois et de tendre sur cette armature des intestins de mouton. Il avait inventé la lyre, tout simplement, et se mit à en jouer gaiement.

Où est passé le troupeau d'Apollon ?

Le soir même, il était déjà assez fort pour s'en aller à l'aventure. Il rencontra bientôt un troupeau de vaches qui broutaient paisiblement. Personne ne les surveillait, et il imagina aussitôt de les voler. Mais comme il devenait plus ingénieux d'heure en heure, il pensa aussi à brouiller la piste en tirant les vaches à reculons, par la queue. Ainsi, les empreintes laissées par les sabots semblaient ne mener nulle part.

Hermès cacha soigneusement le troupeau non loin de la grotte maternelle et regagna son berceau où il s'endormit du sommeil de l'innocence.

Or l'enfant ignorait, naturellement, que ce troupeau n'était pas à n'importe qui : il appartenait à Apollon, en visite dans le voisinage.

Le dieu n'était pas né de la dernière pluie : il n'eut aucun mal à deviner la ruse ni à remonter la piste au lieu de la descendre. Seulement, une fois arrivé à la grotte, Apollon resta véritablement perplexe. Les vaches étaient admirablement cachées ! Et surtout, en fait de voleur capable de dérober son troupeau, il ne voyait qu'une nymphe encore fatiguée de son récent accouchement et un nourrisson d'un jour qui tétait goulûment. Très intrigué, Apollon emmena la mère et l'enfant sur l'Olympe pour éclaircir cette histoire. Il ne se doutait nullement que les deux « témoins » qu'il entraînait ainsi étaient son demi-frère et la mère de celui-ci.

△
Messager de Zeus, Hermès porte aux pieds des sandales ailées magiques. Elles lui permettent d'accomplir rapidement, et très certainement sans fatigue, ses longs voyages. Ce sont ces sandales qu'il prêtera à Persée.

Un voleur dans l'Olympe

Zeus était très ennuyé. Il aurait bien voulu étouffer l'affaire et renvoyer au plus vite sur Terre cet enfant et sa mère : Héra n'allait pas manquer de lui faire une nouvelle scène de jalousie. Cependant, lorsque le petit Hermès, véritablement doué pour le vol, s'appropria l'arc d'Apollon pendant que ce dernier avait le dos tourné, Zeus fut bien obligé d'intervenir. Tous les dieux riaient à s'en étouffer, mais Apollon était réellement furieux.

Penaud, Hermès dut enfin avouer l'endroit où il avait caché le troupeau et offrit sa lyre à Apollon en guise de dédommagement. Enchanté de ce cadeau, le dieu se dérida et pardonna de bon cœur à son habile petit parent. Ils devinrent même grands amis.

Mais restait Héra, qui n'aimait guère les enfants de son divin époux. L'ingénieux Hermès trouva vite la solution de ce problème. Tout emmailloté dans ses langes, il sauta brusquement sur les genoux de la déesse et, sans hésitation, se mit à téter. Devenue ainsi — de force — sa nourrice, Héra ne pouvait plus rien contre lui.

Le messager des dieux

Les bons tours d'Hermès amusaient beaucoup Zeus qui le prit particulièrement en affection. Il en faisait même parfois son complice pour mener à bien certaines de ses aventures.

Le caducée

L'emblème d'Hermès, outre ses sandales ailées, est ce que l'on appelle un « caducée ». Il s'agit d'un bâton autour duquel s'enroulent deux serpents. En effet, Hermès aperçut un jour sur le sol deux serpents qui se battaient : il les sépara avec son bâton et les deux serpents s'y enroulèrent.
Comme le serpent représente la mort, à cause de son poison, le bâton qui arrêta la mort devint le symbole de la vie. Voilà pourquoi il est également celui des médecins.
Le caducée rappelle aussi le rôle d'Hermès en tant que conducteur des morts jusqu'aux Enfers.
Le caducée ne doit pas être confondu avec l'emblème des pharmaciens, un serpent enroulé autour d'une coupe. On retrouve ici le symbole de la mort et de la vie, mais cette fois sous forme du poison et de l'antidote.

C'est ainsi qu'Hermès aida le roi des dieux en tuant le monstre Argus qui, sur l'ordre d'Héra, surveillait nuit et jour une nymphe que Zeus aimait. Argus avait cent yeux dont cinquante dormaient pendant que les cinquante autres veillaient. Hermès lui raconta des histoires tellement ennuyeuses que le monstre s'endormit profondément. Et quand ses cent paupières furent fermées, il lui coupa la tête. Mais les yeux d'Argus ne furent pas perdus : Héra, en souvenir de ce bon serviteur, les sema sur la queue du paon.

Pendant la guerre des dieux contre les Géants, c'est aussi Hermès qui délivra Arès du tonneau de bronze dans lequel les Cent-Mains l'avaient enfermé pendant un an. C'est encore lui qui recousit les tendons de Zeus coupés par Typhon.

Le roi des dieux avait tellement confiance en lui qu'il le chargeait de porter ses messages. Coiffé du large chapeau à bords plats que les Grecs appelaient « pétase » et qu'ils portaient en voyage, chaussé de sandales ailées qui lui permettaient de faire sans fatigue les plus longs trajets en volant dans les airs, Hermès était presque toujours par monts et par vaux. Aussi devint-il le dieu des routes et des marchands, tout en restant le dieu des voleurs.

Les Romains le connaissaient d'ailleurs surtout comme dieu des marchands : ils l'appelaient en effet Mercure, qui vient du mot « merx », « marchandise ». Ce nom de Mercure a donné notre « mercredi » : le jour de Mercure.

Il circulait de très nombreuses histoires sur Hermès, qui intervient particulièrement souvent dans la mythologie. Cependant, il était trop menteur pour avoir un oracle et sa seule tâche sérieuse était d'accompagner les ombres des morts jusqu'aux Enfers et de les remettre à Charon, le batelier du Styx. On l'appelait alors « Hermès Psychopompe », « conducteur des âmes ».

Iris à la belle écharpe

Hermès n'était pourtant pas le seul messager des dieux ; il partageait ce rôle avec la déesse Iris. Elle est surtout connue par la merveilleuse écharpe qu'elle porte et qui apparaît de temps en temps dans le ciel lorsqu'il y a à la fois de la pluie et du soleil : c'est l'arc-en-ciel.

△
Pour les Romains, Hermès s'appelle Mercure. Le voici, se reposant d'une longue course. Cette statue a été retrouvée sur le site d'Herculanum, dans le sud de l'Italie.

△
Peint par le Vénitien Tiepolo, Mercure porte le caducée. Il apparaît ici en songe à un héros.

HÉPHAÏSTOS, LE FORGERON BOITEUX

Le seul dieu qui ne fût pas beau était pourtant le plus habile.

Que d'efforts dut faire Héphaïstos pour être admis de plein droit dans l'Olympe ! Et pourtant, il n'était pas n'importe qui : Héra l'avait enfanté toute seule.

Eh oui, toute seule ! Les nombreux enfants de Zeus exaspéraient tant la grande déesse qu'elle décida un jour de donner une bonne leçon à son époux. Elle aussi, elle pouvait avoir un enfant sans le concours du roi des dieux. Mais elle, elle l'aurait seule. Et elle avait une telle volonté qu'elle réussit dans cette extraordinaire entreprise de devenir enceinte le jour où elle le souhaita.

Pourtant, Héra ne réussit qu'à moitié. Son enfant naquit difforme ou, en tout cas, affreusement mal bâti. A tel point que sa mère vit sans regret Zeus prendre le nouveau-né par un pied et le jeter purement et simplement hors de l'Olympe pour s'en débarrasser.

△
Le casque grec protégeait admirablement le visage et la tête, mais avait l'inconvénient d'être lourd. Cette superbe armure de bronze, vieille de quelque 2 400 ans, est digne d'Héphaïstos.

Un dieu laid mais habile

Le pauvre petit Héphaïstos fit un immense plongeon à travers le ciel et tomba quelque part en Sicile. Cette chute n'arrangea pas son physique déjà ingrat. Ses os mirent un temps infini à se ressouder et il resta à demi estropié et terriblement boiteux.

En revanche, il devint extraordinairement habile de ses mains. Chez les bergers siciliens qui le recueillirent, il eut bientôt la réputation d'un habile forgeron et d'un excellent orfèvre : on aurait dit que le métal brûlant se pliait volontairement sous les coups répétés de son marteau.

Un farceur-né

Cependant, si habile et renommé qu'il fût, Héphaïstos enrageait de rester un simple forgeron sur la Terre alors qu'il aurait pu être un dieu respecté de l'Olympe. Il décida de se réconcilier avec sa mère, d'une façon peut-être un peu spéciale.

Il fabriqua un merveilleux siège d'or massif, superbement ciselé et travaillé, et le fit porter à Héra. Ravie, celle-ci s'y assit aussitôt. Mais bientôt elle poussa des cris, de surprise d'abord, puis d'indignation, enfin de détresse. Car le siège était enchanté et Héra ne pouvait plus se relever ! Les dieux riaient à gorge déployée de sa figure consternée et Zeus lui-même ne pouvait cacher un demi-sourire en voyant sa femme en si fâcheuse posture.

Il fallut appeler Héphaïstos en personne pour libérer la malheureuse. Une fois dans l'Olympe, le jeune homme y fut reconnu comme divinité à part entière. Mais son physique disgracieux le gênait toujours, face à la beauté et à la majesté des autres dieux et, tout compte fait, il aimait mieux travailler avec les Cyclopes dans ses ateliers installés sous l'Etna, le volcan de Sicile, en Italie. Aujourd'hui encore, la fumée de ses forges, dit-on, continue de s'en échapper.

Un mariage mal assorti

Héphaïstos resta longtemps célibataire. Et puis, un jour, sortit de la mer la plus belle des déesses, Aphrodite, divinité de l'amour. Tous les dieux la voulurent immédiatement pour épouse. Zeus la donna finalement à Héphaïstos : il était assez naturel qu'un orfèvre fût marié à une femme qui adorait les bijoux. Héphaïstos, en effet, la couvrit de superbes parures. Mais Aphrodite n'aimait pas son vilain mari, boiteux, luisant de sueur, noirci de fumée et toujours occupé à travailler dans sa forge, courbé sur ses enclumes. Elle préférait — et de loin — le superbe Arès.

Et un jour, Hélios, le Soleil qui voit tout, prévint amicalement le dieu forgeron que son épouse rencontrait peut-être un peu trop souvent en son absence le brillant Arès.

Héphaïstos remercia chaleureusement le Soleil, mais ne dit rien à Aphrodite. Simplement, il lui prépara un tour de sa façon. Il fabriqua en secret un filet magique, absolument invisible, qu'il installa discrètement chez lui. Puis il avertit sa femme qu'il devait accomplir un important travail et qu'il serait absent plusieurs jours.

Naturellement, Arès en profita pour venir rendre visite à la belle déesse. Mais à peine s'était-il approché d'elle que le filet magique tomba sur eux, les emprisonnant solidement.

Héphaïstos accourut, ricanant, et appela les autres dieux pour contempler le spectacle. Tous éclatèrent de rire devant la mine penaude du terri-

△
Lorsque Héra voulut avoir un enfant à elle toute seule, elle n'obtint pas un succès complet ! Le bébé était si laid que la déesse n'essaya même pas d'empêcher Zeus de le jeter hors de l'Olympe.

Les Dactyles du mont Ida

Si Héphaïstos est bien le dieu forgeron, le dieu artisan, ce que les Grecs appelaient *démiourgos* et que nous traduisons par *démiurge*, il ne réserve cependant son travail qu'aux métaux et alliages nobles : or, argent, bronze. Le fer, lui, est confié à de mystérieux personnages, les Dactyles (les doigts). Ce sont Akmon, l'enclume, Damnameneus, le marteau, et Cemis, sans doute la fonte.

△
Une éruption du Vésuve, vue de Naples, en 1822. Nous avons mis longtemps avant de comprendre les mécanismes des éruptions volcaniques. Les Anciens, eux, expliquaient le phénomène des volcans et des éruptions par le mythe de la « forge des dieux ».

Dans son atelier, au fond du volcan, ▷ Héphaïstos travaillait l'or, l'argent, le bronze. Il était aidé par les Cyclopes et servi par des « robots » d'or. D'après les légendes, le dieu forgeron réalisa plusieurs fois des armes exceptionnelles pour certains héros grecs.

ble dieu militaire pris au piège, tandis que la belle déesse Aphrodite rougissait de honte !

Pourtant, Héphaïstos aimait beaucoup Aphrodite et ne savait rien lui refuser, ni bijoux ni fantaisies. Il allait même jusqu'à aimer les enfants qu'elle avait avec de simples mortels, et il exécuta de bonne grâce l'armure qu'elle lui demanda un jour pour son fils Énée, le prince troyen dont les descendants fonderaient Rome.

Vulcain et Mulciber

Héphaïstos portait à Rome le nom de Vulcain. Il s'agissait d'un ancien dieu du feu dont le nom désigne également les « volcans ».

La confusion s'est faite facilement, puisque Héphaïstos avait son atelier sous un volcan. Pourtant, les Romains n'associèrent leur dieu Vulcain à Héphaïstos qu'assez tard, lorsqu'ils adoptèrent presque complètement le « rite grec », c'est-à-dire les légendes mythologiques des Grecs.

En réalité, le Vulcain des Latins primitifs représentait « le feu destructeur », la lave bouillante qui détruit les récoltes et les villages. De surcroît, les Romains l'assimilèrent bientôt à un autre de leurs anciens dieux, Mulciber, « celui-qui-ramollit-les-métaux », un dieu constructeur cette fois. Il se confondit d'ailleurs si bien tout à la fois avec Vulcain et Héphaïstos qu'on finit par l'oublier complètement.

L'univers des volcans

Pour les Romains, la forge de Vulcain se trouvait non pas sous l'Etna, mais sous un autre volcan de Méditerranée : Volcano. Ce Volcano forme l'une des îles Lipari, qui comptent également un autre volcan célèbre, le Stromboli. On comprend que leurs incessantes éruptions aient été considérées comme le produit de la forge des dieux !

Mais nous ignorons si la montagne volcanique a donné son nom au dieu ou l'inverse. En tout cas, de ce mot « volcano » proviennent à la fois celui de « Vulcain », le dieu, et celui de « volcan », la montagne qui crache de la lave et des flammes et dont les colères subites et incontrôlables terrifient parfois les hommes.

ATHÉNA, LA DÉESSE AUX YEUX PERS

Habile à manier l'aiguille, elle sait aussi manier la lance...

△
La chouette était pour les Grecs l'emblème de la sagesse. Cet oiseau, en effet, voit même dans l'obscurité et perçoit donc ce qui est caché aux hommes. Ce fut l'animal d'Athéna, déesse de la raison, de l'intelligence et de la sagesse. Il était normal que la cité d'Athènes, la ville d'Athéna, prît à son tour la chouette pour emblème. Sur cette pièce de monnaie athénienne, on distingue aussi deux feuilles d'olivier, l'arbre d'Athéna.

Quelle terrible jeune fille qu'Athéna ! D'un aspect sévère, mais pourtant très belle, elle aimait la guerre autant que la broderie ou la couture.

Sa naissance fut tout à fait extraordinaire. En ce temps-là, Zeus n'était pas encore marié à Héra. Il avait pour épouse une Titanide, Métis, dont le nom signifie « la réflexion ». Or le destin avait prédit que l'enfant de Métis serait plus puissant que son père. Zeus se souvenait de la façon dont il avait renversé son propre père, qui avait lui-même renversé le sien. Il décida donc que ces habitudes de famille devaient prendre fin et, à l'instar de Cronos, résolut d'avaler... non pas l'enfant de Métis mais bien Métis elle-même.

Une naissance fracassante

Zeus se croyait donc tranquille sur son avenir lorsqu'il fut pris au bout d'un certain temps d'effroyables maux de tête. Il serra les dents quelque temps, mais les douleurs augmentèrent de façon si insupportable qu'il n'y tint plus. Il appela Héphaïstos et lui ordonna d'employer les grands moyens. (Vous vous demandez peut-être comment Héphaïstos pouvait déjà être né, puisque Héra n'était pas encore mariée à Zeus ? La réponse est simple : la mythologie comporte beaucoup de contradictions.)

Le dieu boiteux était sans aucun doute un habile forgeron, mais en tant que chirurgien, il manquait un peu d'expérience. Et avec l'aplomb d'un amateur, il asséna sur la tête de son malade un formidable coup de hache.

Le ciel et la Terre tremblèrent ! D'un seul élan, un petit personnage féminin armé en guerre, le casque à couvre-joues du combattant grec enfoncé jusqu'aux yeux, jaillit du crâne ouvert de Zeus en brandissant une petite lance et en poussant un effrayant cri de guerre qui fit vaciller l'Olympe sur ses bases. Athéna était née !

Une déesse très occupée

En somme, Zeus avait mis au monde Athéna tout seul. Aussi eut-il toujours beaucoup d'affection pour elle. Elle se montra d'ailleurs tout de suite pleine de talents divers.

Elle excellait aux travaux d'aiguille, la couture et la broderie. Elle prétendait même que personne ne pouvait la dépasser dans ce genre de travail, et ne tolérait pas de rivale. La pauvre Arachné l'apprit à ses dépens. Elle eut en effet un jour la sotte idée de vouloir faire mieux qu'Athéna. On organisa un concours. Les deux broderies étaient splendides, mais la déesse dut convenir que celle de sa rivale était encore plus belle que la sienne.

△
La naissance d'Athéna est très étrange. Craignant que l'enfant de Métis ne fût plus puissant que son père, Zeus avala Métis! Mais au bout de quelques mois, il fut pris de migraines si violentes qu'il donna ordre à Héphaïstos de lui ouvrir le crâne. Le brave forgeron s'exécuta et frappa de sa hache. Athéna sortit de la tête de Zeus, en armes. Elle poussa aussitôt un terrible cri de guerre!

Les yeux pers d'Athéna

Quelle couleur peut bien indiquer l'adjectif « pers »? Voilà une question embarrassante! On suppose généralement qu'il s'agit d'un bleu tirant vers le vert. Mais bleu transparent? Bleu opaque? Bref, c'est la couleur des yeux d'Athéna!
On ne sait pas non plus très bien pourquoi la redoutable déesse portait le surnom de Pallas (nom qui est encore celui de la dame de pique dans nos jeux de cartes). On dit qu'en jouant à la balle avec une de ses amies, Athéna eut un mouvement brusque et tua la pauvre enfant. Désolée, la déesse aurait alors pris pour elle le nom de la jeune fille.

△
La ville d'Athènes se développa autour de son acropole. La colline escarpée constituait en effet une excellente défense naturelle. Au v*e siècle, elle fut couverte de superbes monuments.*

Athéna n'est pas la déesse de la guerre, mais de l'intelligence dans le combat. Voilà pourquoi elle vient souvent à bout d'Arès, la fureur aveugle. Et quand Aphrodite défend le dieu, Athéna la gifle! ▷

Furieuse, elle déchira le merveilleux ouvrage et transforma Arachné en araignée !

Cependant, Athéna ne régnait pas seulement sur les travaux féminins ; elle se chargeait aussi des mathématiques, des sciences et de la sagesse : un héritage de sa mère, Métis, la réflexion.

Une terrible guerrière

Et ce n'était pas tout ! Athéna se plaisait également beaucoup à la guerre ! Elle parcourait les champs de bataille à grandes enjambées, le casque sur la tête, agitant sa terrible « égide », cette sorte de cuirasse de peau de chèvre qui lui couvrait les épaules et sur laquelle était fixée l'effrayante tête de Méduse dont le regard changeait les hommes en pierre. Le héros Persée, que la déesse avait aidé dans ses exploits, lui avait en effet offert cet épouvantable trophée. Car non seulement Athéna donnait des conseils aux héros qu'elle protégeait, mais elle mettait, si l'on peut dire, « la main à la pâte ».

Cependant, dans les batailles, elle gardait la tête froide. Elle personnifiait en effet « l'intelligence du combat », le courage impassible associé à la clarté d'esprit, qui dirige les troupes au bon moment et gagne la bataille. Elle était tout le contraire d'Arès, qui représentait la fureur aveugle et la soif du carnage. Pourtant, elle se battait elle-même avec fougue, ravageant de sa lance les rangs ennemis ou combattant corps à corps ceux des dieux qui soutenaient le parti opposé au sien.

Ainsi, pendant la guerre de Troie, elle se mesura plusieurs fois au terrible Arès et le renversa d'une pierre bien lancée. Et comme Aphrodite, éperdue, accourait au secours du blessé, Athéna l'assomma d'une lourde gifle. Car elle ne supportait pas la coquetterie et elle reste, avec Hestia, la seule des déesses à qui l'on ne connaisse pas la moindre aventure sentimentale.

Athènes, la plus belle cité grecque

Athéna avait pourtant un point faible : elle aimait les louanges des mortels. Elle aimait qu'ils la choisissent pour déesse « tutélaire », c'est-à-dire protectrice des villes. On se rappelle com-

△.
La Minerve romaine, d'origine étrusque, était une divinité protectrice de la maison. Par la suite, elle prit aussi les attributs de la déesse Athéna.

△
Le Parthénon, le temple que les Athéniens construisirent à Athéna, sur l'Acropole, resta pratiquement intact jusqu'au XVIIIe siècle. Tranformé en dépôt de poudre, il sauta. Cette vue de l'intérieur, réalisée au XIXe siècle, est très fantaisiste.

ment elle disputa à Poséidon une ville qui prit précisément son nom : Athènes.

Athéna la protégea-t-elle réellement ? En tout cas, ce fut la plus belle, la plus brillante et longtemps la plus puissante cité de Grèce. Elle en est encore aujourd'hui la capitale.

C'est Thésée, dit-on, qui institua la grande fête des Panathénées. Cette fête en l'honneur d'Athéna revenait tous les quatre ans. Il fallait en effet tout ce temps aux jeunes filles d'Athènes pour broder le merveilleux « chitôn », la tunique de la déesse, dont elles allaient en grande cérémonie revêtir sa statue. Toute la ville participait à ce défilé solennel. Le moment le plus émouvant restait sans doute le passage du chitôn sacré, mais le plus applaudi était à coup sûr le défilé de la cavalerie d'Athènes, ces centaines de jeunes gens vêtus d'une cape flottante, la chlamyde, caracolant sans selle sur de splendides chevaux : le fleuron de l'armée athénienne.

La statue d'Athéna était à l'origine une vieille idole de bois d'olivier, presque informe à force de vieillesse, mais qui représentait ce qu'Athènes possédait de plus sacré. Elle disparut dans l'incendie qu'allumèrent les envahisseurs perses en 490 av. J.-C. Le sculpteur Phidias exécuta une nouvelle statue, en or et en ivoire, d'une taille colossale ; et les Athéniens rebâtirent à leur déesse tutélaire un temple splendide : le Parthénon, le « temple de la jeune fille ». Ce bâtiment était encore presque intact il y a deux cents ans. Mais les Turcs y entreposèrent de la poudre et, lors d'une guerre, il explosa. Le Parthénon reste pourtant l'un des plus beaux temples du monde.

Minerve la Romaine

A Rome, Athéna s'appelait Minerve. Très respectée, elle était plutôt adorée comme déesse des « choses de l'esprit » que comme guerrière, car la guerre demeurait l'affaire du dieu Mars. Son nom de Minerve provient d'ailleurs d'un mot disparu, « men », que l'on retrouve par exemple dans le terme « mentalité ».

Sa plus grande fête tombait le 19 mars : les Romains célébraient alors les artistes, les artisans et les professeurs.

APHRODITE, ÉROS ET PSYCHÉ

Des dieux aveugles et cruels, mais dont on ne peut se passer.

△
Cette ravissante statue de Vénus, l'Aphrodite des Grecs, porte encore les minces bijoux d'or qui l'ornaient dans l'Antiquité. Elle a été retrouvée dans une des belles maisons de Pompéi.

Nous avons vu que les Grecs et les Romains personnifiaient volontiers par des dieux les phénomènes naturels tels la foudre ou la tempête, ainsi que les choses nécessaires ou habituelles à l'homme, comme le foyer, la famille ou la guerre. Le plus puissant des sentiments humains, l'amour, ne pouvait pas échapper à cette règle ; aussi les dieux de l'amour sont-ils nombreux. D'autant plus nombreux que nos lointains parents associaient assez logiquement à l'idée de l'amour celle du printemps : n'est-ce pas la saison où naissent les agneaux et où les oiseaux font leur nid ?

Il existe donc de nombreux mythes dits « floraux ». Ils racontent en général comment un personnage, aimé par un dieu, trouve une mort tragique et comment le dieu le change en fleur pour perpétuer son souvenir. On trouve ce thème dans l'histoire de Perséphone, par exemple, qui, mieux encore, explique le printemps en général, tout simplement.

Née de l'écume marine

Vous vous rappelez la façon dont Cronos blessa son père et comment en inondant la terre le sang d'Ouranos engendra des monstres. Un phénomène comparable se produisit pour Aphrodite. Une partie du sang d'Ouranos tomba en effet dans la mer et créa une grande quantité d'écume. De cette écume allait naître la plus belle des déesses, Aphrodite.

Aussitôt qu'elle parut devant eux, tous les dieux voulurent l'épouser. Et ils commencèrent à se disputer. Ils chargèrent Zeus de décider pour eux. Et qui donc choisit-il ? Le plus vilain, Héphaïstos le boiteux ! Le pauvre forgeron n'eut pas de chance : il adorait sa ravissante femme, mais elle, elle ne l'aima jamais. Elle lui préférait de très loin Arès.

Héphaïstos et Aphrodite n'eurent pas d'enfant. En revanche, la belle déesse mit au monde plusieurs fils, d'ailleurs de pères différents. Avec Hermès, par exemple, elle eut un bébé bien étrange : il était moitié homme moitié femme, ou plutôt les deux à la fois ! On l'appelait Hermaphrodite, du nom de ses deux parents réunis.

Avec Anchise, un mortel cette fois, Aphrodite eut le prince Énée. Il devait mener en Italie les Troyens échappés du massacre qui suivit la prise de Troie par les Grecs.

Et la déesse aima, également avec une grande passion, un autre mortel, Adonis.

Un drame de l'adoption

Les légendes concernant la naissance d'Adonis sont si embrouillées qu'il est impossible de savoir qui était son père.

Un jour, dit-on, au cours d'une chasse, un sanglier poursuivi s'assomma contre un arbre en fuyant droit devant lui. Or, cet arbre était creux ; et dans ce creux, les chasseurs découvrirent un bébé : Adonis.

Aphrodite, qui passait par là, trouva l'enfant si joli qu'elle décida de s'en charger. A vrai dire, elle était assez peu maternelle et confia l'enfant à Perséphone, en attendant qu'il grandisse.

Mais voilà que devenu grand, il était tellement beau que la reine des Enfers refusa de le rendre.

Un véritable drame de l'adoption !

Zeus se chargea une nouvelle fois de juger la cause. Il décida que le jeune homme passerait un tiers de l'année avec Perséphone, un tiers avec Aphrodite et que, pendant le dernier tiers, il ferait ce qu'il voudrait.

En fait, Adonis passa tout son temps libre avec Aphrodite, qui était évidemment plus amusante que la belle mais sévère épouse d'Hadès. Pour sa part, la déesse de la beauté l'adorait.

Mais cela ne dura guère : Adonis était un grand chasseur. Et un jour, il fut tué par un sanglier. Le même animal fut donc cause de sa découverte et de sa mort. Aphrodite fut inconsolable et pour garder un souvenir du jeune homme, elle fit naître de son sang répandu sur l'herbe la fleur que l'on appelle l'anémone des bois.

Les flèches d'Éros

Le plus connu des fils d'Aphrodite reste celui qu'elle eut avec le dieu Arès : Éros.

Ce jeune homme était si merveilleusement beau que l'on ne pouvait le voir sans l'aimer.

Il portait sur l'épaule un arc et un carquois rempli de flèches. Des flèches terriblement aiguës et pénétrantes, mais rarement mortelles. Les unes avaient une pointe d'or : lorsque Éros en décochait une sur un mortel, le « blessé » devenait amoureux de la première personne qu'il rencontrait. Les autres avaient une pointe de plomb et provoquaient au contraire une répulsion immédiate. Personne n'était jamais à l'abri de l'une ou de l'autre de ses flèches et il les lançait souvent au hasard. On dit depuis que « l'amour est aveugle » et on le représente avec un bandeau sur les yeux.

Cependant, il arriva qu'Éros fut lui-même victime de ses propres armes.

Les mythes floraux

Adonis, qui passe neuf mois sur terre et trois mois sous terre, représente, bien sûr, une allégorie de la nature. Il existe d'autres personnages « floraux » de ce genre. Narcisse, notamment, qui devint amoureux de lui-même en se voyant dans une mare d'eau limpide. Il resta là, en se regardant, jusqu'à ce qu'il mourût de faim.
Ces histoires cachent peut-être une réalité très sombre, celle de sacrifices humains anciens. En cas de sécheresse, par exemple, le sang versé aurait fait repousser la végétation.

Psyché, rivale d'Aphrodite

Un roi avait trois filles. La plus jeune s'appelait Psyché. Elle était d'une telle beauté que les sujets de son père, éblouis, en vinrent à lui offrir des sacrifices, à elle plutôt qu'à Aphrodite.

Ce qui ne fut pas du goût de la déesse, on s'en doute. Et comme les dieux ne font pas de demi-mesure, Aphrodite pria tout simplement son fils Éros de tuer Psyché.

Le jeune dieu trouva cela tout naturel, saisit son arc et son carquois et se rendit sur Terre. Mais lorsqu'il vit celle qu'il devait percer de flèches, il fut à ce point ébloui de sa beauté, lui aussi, qu'il en devint... amoureux. Oui ! L'Amour était amoureux.

Au lieu de la tuer, il enleva Psyché et la transporta endormie dans son palais.

La princesse se réveilla donc dans un château fabuleux, où tout était d'une splendeur extraordinaire, mais dont les serviteurs ne se montraient pas. Pleine d'étonnement et d'admiration, la jeune fille ne songea même pas à avoir peur.

A la nuit tombée, quelqu'un vint la trouver, sans lumière, et dans l'obscurité lui parla longuement. Qui aurait pu résister à l'Amour en personne ? Il revint le lendemain soir, puis les soirs suivants. Bientôt, Psyché aimait passionnément son compagnon invisible.

Elle promit, comme il le lui demanda, de ne jamais chercher à le voir. Pourquoi avait-il formulé cette exigence plutôt étrange ? Parce que

△
Aphrodite aimait beaucoup Adonis. Le sculpteur italien Canova a représenté la déesse couronnant son ami de roses et de violettes, les fleurs de l'amour.

◁ *Dans un arbre creux, des chasseurs découvrent Adonis enfant. Aphrodite le fit élever par Perséphone, qui ne voulut pas le rendre! Une fois encore, Zeus dut intervenir.*

△
Avec le temps, Éros, le svelte jeune homme grec, est de plus en plus souvent remplacé par des enfants ailés, tels ces « petits amours ».

△
De nombreuses maisons de Pompéi ont conservé presque intactes leurs décorations peintes. Ici, dans celles des Vettii, la « chambre des amours ».

La curiosité de Psyché — son nom signifie l'« âme » ou l'« esprit » — lui fut fatale. En voulant voir le visage de son ami, elle le réveilla. Éros s'enfuit aussitôt et pour toujours. ▷

Éros se cachait de sa mère, tout simplement ! Il lui avait désobéi formellement.

Cependant, au bout de quelque temps, Psyché commença à se trouver bien seule dans ce beau palais. Elle en parla à son ami de la nuit. Éros hésita longuement avant de lui permettre d'inviter ses sœurs pendant la journée. Elle ne risquait pas de le trahir involontairement, pensa-t-il, puisqu'elle ne l'avait jamais vu. Les sœurs vinrent. Elles admirèrent sans réserve le superbe palais, mais se montrèrent quelque peu envieuses de l'insolent bonheur de leur cadette. Comment se faisait-il, lui demandèrent-elles avec un peu de perfidie, qu'elle n'ait jamais vu son compagnon ? Il était donc bien laid ? C'était un monstre peut-être, qui n'osait pas se montrer en plein jour ? Psyché devait absolument en avoir le cœur net ! Ces paroles laissèrent la jeune fille songeuse. Au fait, oui ? A quoi pouvait-il bien ressembler, ce merveilleux mari ?

Le soir même, elle attendit le cœur battant l'arrivée d'Éros. Et lorsque, vers le milieu de la nuit, son compagnon s'endormit, Psyché alluma sans bruit une lampe et, très inquiète, se pencha pour voir son visage.

Ah ! Non ! Ce n'était pas un monstre. Mais au contraire le plus merveilleux jeune homme qu'elle eût jamais vu. C'était... et dans sa joie, elle fit un mouvement brusque. Une goutte d'huile brûlante tomba de la lampe sur l'épaule de l'ami. Éros se réveilla en sursaut.

Il regarda tristement Psyché, Psyché la curieuse, Psyché qui avait manqué à sa promesse, puis il ramassa son carquois et son arc et partit sans un mot.

Jamais Psyché ne le revit.

Les dieux de l'Amour et les Romains

Aphrodite était pour les Romains Vénus, et Éros se nommait Cupido, « le désir », nom dont nous avons fait Cupidon. Ils représentaient souvent ce dernier sous les traits d'un enfant ailé armé d'un arc.

Le nom de Vénus est resté en français dans *vendredi*. Quant à notre mois d'avril, il vient du latin *aprilis* qui a la même origine qu'*Aphrodite* : c'est le mot grec *aphros*, l'écume de la mer.

J.P.C.

DIONYSOS, DIEU DE LA VIGNE

Escorté de panthères, de satyres et de ménades, Dionysos, dieu de la vigne et de l'ivresse, apporte le trouble...

△
Peinte au fond d'une coupe à vin, une ménade, que les Romains appellent bacchante, danse en agitant un thyrse. *Ce bâton est ici orné de branches de lierre, dont les baies noires ont des propriétés toxiques et enivrantes. La panthère, comme elle, se nourrit de viande crue.*

Peut-être savez-vous que les Grecs et les Romains faisaient beaucoup de commerce. Des centaines de navires sillonnaient la Méditerranée en tous sens, transportant d'un point à un autre leurs produits, qu'ils vendaient ou achetaient partout : principalement du grain, de l'huile... et du vin.

On a dit beaucoup de choses sur les vins de l'Antiquité, et bien des sottises. En fait, nous ignorons absolument à quoi ils ressemblaient. On sait seulement que les Anciens en buvaient généralement peu à la fois et qu'ils y mettaient de l'eau. Parfois même de l'eau de mer.

Le grain avait sa divinité, Déméter, l'huile et l'olivier la leur, Athéna. Il était normal que la vigne eût la sienne. Ce dieu, dont le nom a donné en français Denis et Denise, c'est Dionysos.

La cuisse de Jupiter

Sa mère, Sémélé, était bien jolie, mais elle n'était pas très intelligente. Lorsque Héra s'aperçut que son époux Zeus allait un peu trop souvent rendre visite à cette charmante nymphe, elle compta sur sa bêtise pour s'en débarrasser d'une manière aussi ingénieuse que perfide.

Elle alla trouver Sémélé et bavarda aimablement avec elle. La nymphe tremblait de peur : Héra avait-elle tout découvert ? Celle-ci la rassura gentiment :

— Mais non, voyons, ce n'est pas Zeus qui vient te voir, mais quelqu'un d'autre qui se fait passer pour lui. En veux-tu une preuve ? Tu ne l'as jamais vu dans toute sa gloire, ce qu'il aurait fait si vraiment il était Zeus. Demande-lui donc, pour voir !

Sémélé fut troublée. Elle eut des doutes. Elle exigea la preuve demandée et Zeus la lui donna.

Il apparut donc « dans toute sa gloire » à Sémélé, qui n'eut pas le temps de triompher. Car la maison prit feu et la nymphe mourut environnée d'éclairs. Zeus eut pourtant le temps de prendre le bébé qu'elle attendait et, faute de mieux, le cacha dans sa propre cuisse.

Quand le moment de la naissance fut arrivé, le petit Dionysos sortit « de la cuisse de Jupiter ». Cette histoire est à l'origine d'une expression que nous utilisons couramment.

La plus belle vallée du monde

Zeus confia son jeune fils aux nymphes qui habitaient la vallée de Nysa, la plus belle de toutes les vallées du monde, celle dont personne ne connaît l'emplacement. Hélas, le roi du pays les en chassa et les poursuivit longtemps. Finalement, épouvanté, Dionysos préféra sauter dans la mer. Il y fut recueilli et élevé par Amphitrite, l'épouse de Poséidon. Mais il craignait tellement la colère d'Héra qu'il préféra s'éloigner encore et s'exila vers les Indes.

Durant son voyage, il découvrit la vigne et inventa la façon de faire le vin. Il enseigna longtemps cet art aux hommes des pays lointains, puis revint lentement vers la Grèce. Il avait alors beaucoup plus confiance en lui et voyageait toujours entouré d'une troupe de compagnons plutôt extravagante. Il y avait le vieux Silène, un vieillard obèse qui ne se déplaçait que monté sur un âne, parce qu'il était toujours trop ivre pour pouvoir marcher. Il y avait des satyres, sortes de petites divinités des bois qui avaient des jambes de chèvre et des cornes sur le front. Il y avait des femmes sauvages que l'on appelait les Ménades : à peine vêtues d'une peau de faon, barbouillées de jus de raisin, elles dansaient follement en brandissant des *thyrses,* des bâtons ornés d'une pomme de pin qui pouvaient être utilisés comme de redoutables gourdins.

Cette troupe exubérante n'était pas un exemple pour la jeunesse, évidemment. Aussi les autorités locales voyaient-elles d'un mauvais œil l'arrivée de Dionysos sur leur territoire. Mais lorsqu'on le chassait, le dieu se vengeait cruellement : les gens devenaient fous, les hommes se pendaient dans le grenier, les enfants, ivres-morts, se roulaient dans le ruisseau et les femmes allaient jeter en dansant leur nouveau-né à la rivière !

△
Sur son char attelé de panthères, Dionysos parcourt le monde en triomphateur. Sa troupe de fidèles, femmes sauvages, satyres et animaux, le suit.

△
Bacchus, le Dionysos romain, apparaît sur cette mosaïque d'Herculanum. Étendu sur un lit de banquet, il tient en main le thyrse et montre de l'autre son gobelet vide. Les scènes « bachiques » ornaient souvent la salle à manger des Romains, le triclinium.

Les raisins de la colère

Les colères de Dionysos étaient en effet dangereuses. Ainsi, un jour qu'il était ivre, il s'endormit tout seul sur une plage. Des pirates le découvrirent, le saisirent, le ligotèrent et l'emmenèrent sur leur navire pour le vendre comme esclave.

Zagreus

Une autre légende, moins connue, donne une étrange version de la naissance de Dionysos. Il aurait été le fils de Déméter, ou de Perséphone, et de Zeus. Le roi des dieux se serait déguisé cette fois-là en serpent.
On appela l'enfant Zagreus et on le confia aux Titans. Comme il avait l'apparence d'un chevreau, Héra persuada ceux-ci de s'en nourrir ; ce qu'ils firent. Zeus intervint trop tard. Il ne put que sauver le cœur de l'enfant, qu'il fit manger par Sémélé. De là viendrait son surnom de « deux fois né ».

△
Sur son navire, Dionysos couronné parcourt le monde en apportant la vigne.

Fait prisonnier par des pirates pendant son sommeil, Dionysos se réveille. L'ivresse ne connaît pas de barrières ! De monstrueuses visions épouvantent les pirates : les rames deviennent serpents, le mât, cep de vigne... Les marins se jettent à la mer, terrifiés. ▷

Dégrisé, le dieu se réveilla chargé de chaînes. Naturellement, il n'eut qu'à se lever et les chaînes tombèrent. Les pirates étaient stupéfaits. Mais ils commencèrent à prendre peur quand ils virent que le mât du navire se mettait à bourgeonner, puis à se couvrir de branches, de feuilles et de fleurs, et enfin de grappes de raisin ! Pendant ce temps, les avirons s'agitaient d'eux-mêmes, devenant les uns des pieds de vigne, les autres des serpents qui se tordaient en sifflant. Les pirates épouvantés se jetèrent à la mer : le navire ressemblait à une véritable forêt vierge ! Le seul marin épargné fut le pilote, qui s'était opposé à l'enlèvement du dieu, et en fut récompensé.

Ariane à Naxos

Ce pilote conduisit alors Dionysos à Naxos, l'île la plus voisine. Dans ce lieu, qui à cette époque était désert, le dieu rencontra la pauvre Ariane : Thésée, revenant de Crète où il avait tué le Minotaure, l'y avait lâchement abandonnée quelques jours plus tôt. Elle était à demi-morte de faim, de peur et de chagrin. Le dieu la consola de son mieux, et comme il était beau et très amusant, il finit par la faire sourire. Quand enfin il lui demanda de l'épouser, Ariane accepta de bon cœur. Ils furent, dit-on, très heureux.

Mais lorsque Dionysos revint sur le continent avec sa jeune épouse et qu'il retrouva ses compagnons, ce fut pour apprendre la disparition du vieux Silène.

Les bonnes idées du roi Midas

On partit aussitôt à la recherche du vieillard. Il n'était pas perdu, cependant, et on le retrouva sans trop de difficultés. Le vieil ivrogne s'était tout simplement endormi sur son âne. Privé de direction, le brave bourricot avait trottiné droit devant lui, broutant en chemin, jusque dans le royaume du roi Midas. Ce prince régnait sur la Phrygie, un pays situé en Asie Mineure.

Midas avait eu jadis quelques démêlés avec Apollon. En effet, il avait été pris comme juge, un jour, dans un concours de musique entre ce dieu et un satyre appelé Marsyas. Apollon jouait

Le roi Midas préférait la flûte,
l'instrument de Dionysos,
à la lyre, celui d'Apollon.
Le dieu de la lumière, pour le punir,
n'hésita pas : il l'affubla d'une superbe
paire d'oreilles d'âne, un animal qui
faisait partie de la suite de Dionysos.
Midas, honteux, cacha ses oreilles
sous un bonnet.
Mais son barbier ne put
garder le secret : il le confia...
à un trou creusé dans le sol.
Hélas pour le pauvre roi,
les roseaux se mirent à murmurer
l'étonnante nouvelle :
« Le roi Midas a des oreilles d'âne... »
▽

de la lyre, bien entendu, mais Marsyas jouait de la flûte double, l'*aulos*. La déesse Athéna avait jeté cet instrument parce qu'il fallait gonfler les joues pour en jouer. Mais Marsyas l'avait ramassé et il était devenu un musicien de grand talent.

Le concours eut lieu et Midas jugea. Il préféra la flûte. Apollon, furieux, déclara qu'il allait lui donner les oreilles qu'il méritait et il lui fit pousser celles d'un âne, longues, mobiles et velues.

Le pauvre roi parvint tant bien que mal à cacher cette infirmité sous le bonnet à couvre-oreilles que l'on appelle le « bonnet phrygien », mais il ne put dissimuler la chose à son barbier.

Menacé des pires châtiments, celui-ci se tut un certain temps. Mais la langue le démangeait trop : il lui fallait absolument confier ce secret à quelqu'un. Finalement, n'y tenant plus, il creusa un trou sur la berge d'un fleuve, y murmura le secret et reboucha le trou.

Hélas, quelque temps plus tard, il poussa à cet endroit des roseaux qui, agités par le vent, répétaient inlassablement en chuchotant : « Midas, le roi Midas a des oreilles d'âne ! »

Le présent de Dionysos

C'est donc à ce roi Midas que les paysans amenèrent Silène. Le roi lui fit un excellent accueil. Il lui offrit même, pendant dix jours et dix nuits, une hospitalité tellement fastueuse que lorsque Dionysos le retrouva, Silène avait la mine vermeille, le teint fleuri, le ventre plus gros que jamais. Dionysos éprouva un réel soulagement en revoyant son vieux camarade et déclara que Midas pouvait lui demander ce qu'il désirait : son souhait serait exaucé. Le roi parla sans réfléchir. Il demanda que tout ce qu'il toucherait désormais se transformât en or ! Dionysos le lui accorda en riant et repartit avec sa troupe.

Midas se frotta les mains et se mit au travail. Tout ce qu'il effleurait, meubles, maisons, sacs de farine, serviteurs, devenait à l'instant de l'or massif. A l'heure du dîner, il était l'homme le plus riche du monde et il se sentait d'excellente humeur. Sa figure s'allongea cependant lorsqu'il s'aperçut que la nourriture qu'il touchait... était aussi de l'or très dur. Mourant de faim, il lui fallut supplier Dionysos de le délivrer de son souhait. Le dieu lui conseilla de se baigner dans un fleuve, le Pactole. Dès qu'il y fut entré, Midas se sentit délivré et put de nouveau manger. Mais depuis, le Pactole roule des paillettes d'or et on désigne toujours une grande quantité d'argent en parlant d' « un pactole » !

Bacchus et Liber

Vers le IIe siècle av. J.-C., la Grèce perdit son indépendance. La puissance militaire des Romains était devenue telle que, malgré une

L'âne de Silène

Pourquoi un âne, animal sympathique mais assez peu séduisant, accompagne-t-il très souvent Dionysos ? Une légende assez peu connue propose une réponse. Tandis que la chèvre dévore entièrement la vigne et la fait mourir, l'âne, lui, la broute avec modération. Ainsi, la vigne « taillée » grâce à ses dents devient prospère.
Cependant, on pense aujourd'hui que l'âne représente en réalité « l'état inférieur de l'homme », lorsqu'il n'a pas encore appris à dominer sa nature animale par l'initiation aux mystères de Dionysos. Nous comprenons mieux alors l'histoire des oreilles de Midas, l'ami du dieu !
S'il est rustique, l'âne apparaît aussi patient et fidèle. Dionysos finira d'ailleurs par le récompenser en lui donnant une voix humaine. Et saviez-vous que l'initié du premier degré aux mystères de Dionysos s'appelait justement... un *âne !*

△
Pour les poètes latins, Faunus, le Faune, accompagnait Dionysos. En réalité, ce dieu agreste, aux oreilles pointues, est une divinité romaine de la fécondité. On l'a cru longtemps le dieu des loups, alors qu'il est plutôt celui des chèvres.

△
Le Bacchus romain est également confondu avec Liber. Lors de la fête des Liberalia, *le 17 mars, les jeunes garçons devenaient « adolescents » et endossaient la toge virile, le vêtement d'adulte.*

△
Le vieux Silène et les satyres boivent... Le masque pendu au mur représente Dionysos. Il suffisait jadis d'un poteau planté dans le sol et portant un masque pour représenter le dieu. Ici, il s'agit d'une fresque de Pompéi.

défense acharnée, la Grèce devint « province romaine ». Cependant, malgré leurs affrontements politiques ou militaires, les Romains admiraient beaucoup les Grecs. Ils appréciaient sans réserve leur talent, leur culture. Fascinés par leur extraordinaire mythologie, ils en adoptèrent, comme nous l'avons déjà dit, la plupart des légendes, le « rite grec » *(ritus graecus)*. Ainsi, ils avaient beau avoir déjà leur propre divinité du vin, un dieu nommé Liber, ils l'associèrent bientôt à Dionysos. Mais ils le confondirent également avec une autre divinité grecque, assez mystérieuse, Bacchos, dont ils firent Bacchus, nom que nous connaissons mieux. Nous parlons encore, en effet, de « bacchanales », terme qui désignait à Rome les cérémonies en l'honneur de Bacchus-Liber-Dionysos.

Or, en Grèce, à cette époque, on ne croyait plus guère aux dieux de la mythologie. On ne vénérait plus qu'Apollon et Dionysos. Pourquoi? D'abord, parce que les hommes croyaient beaucoup moins aux phénomènes fantastiques : on avait compris depuis longtemps que Poséidon n'agite pas la mer avec son trident pour produire des vagues! Ensuite, parce que ces deux divinités représentent deux formes différentes du « dépassement de soi ».

Ainsi, Apollon, le lumineux Apollon, illustre en quelque sorte la recherche de la perfection par la volonté et le talent : la musique, la poésie, la science. Dionysos est, lui aussi, l'image d'un certain dépassement de soi-même, mais par des moyens bien différents : l'inconscience de l'ivresse, notamment, et l'épuisement physique qui, pendant un certain temps, fait de vous un autre personnage.

A force d'adopter ceux des autres, les Romains adoraient beaucoup plus de dieux que les Grecs, mais ils se comportaient à peu près comme eux. Bien des gens, à Rome, ne croyaient plus qu'à un dieu et ne vénéraient que lui seul. Certains même ne croyaient plus à rien du tout. Mais les fidèles de Dionysos-Liber-Bacchus étaient nombreux et fanatiques. Leur culte et surtout leurs fêtes publiques donnaient lieu à tant de troubles et de manifestations scandaleuses que le pouvoir finit par réagir : en 186 ap. J.-C., une répression impitoyable mit fin aux bacchanales. Il y avait des morts à chaque fête !

NYMPHES, MUSES ET GRÂCES

Des petites divinités qui peuplent la nature sauvage...

△
Le peintre Camille Corot fait danser des Nymphes à l'ombre des arbres. Ces charmantes divinités des bois, des prés ou des montagnes, de la nature inviolée par l'homme, étaient souvent aimées par des dieux.

A côté des dieux principaux, que les Romains appelaient « les douze grands dieux », il existait une foule de divinités de moindre importance, généralement campagnardes, dieux et déesses des prés, des sources et des bois, ainsi que plusieurs groupes de personnages féminins, souvent des sœurs, dont certains restent vraiment mystérieux. Il s'agit sans doute de très vieilles divinités dont les Anciens eux-mêmes avaient entièrement oublié l'origine, mais qui apparaissaient encore dans les contes populaires, à peu près comme notre « marchand de sable ». Nous allons en rencontrer quelques-uns.

Le dieu Pan

Pan est l'une des plus étranges divinités de la mythologie. Son nom signifie « tout », c'est-à-dire qu'il régnait en principe sur l'univers entier. En réalité, il se contentait modestement de la campagne, des bois et des prés, ce qui n'est déjà pas si mal.

Il avait l'aspect d'un petit homme rieur, avec des oreilles velues et pointues, portant sur la tête des cornes de chèvre. Jusque-là, il pouvait passer pour un dieu ordinaire, voire un humain. Mais ses jambes, ah ! ses jambes... C'étaient des jambes de chèvre !

Il était d'une laideur si spectaculaire qu'à sa naissance, dit-on, sa nourrice se sauva, épouvantée. Son père Hermès le prit, l'enveloppa dans une peau de lièvre — il était vraiment très petit — et le porta sur l'Olympe pour le faire admirer par les autres dieux. En le voyant, ceux-ci ne s'enfuirent pas comme la nourrice, non, ils éclatèrent de rire. Ce fut la seule visite que fit le petit personnage à l'Olympe.

Pourtant, il n'en voulut pas aux dieux de leur réaction, au contraire : c'est Pan, en effet, qui provoque le rire impossible à maîtriser. De même qu'il peut déclencher une peur que rien n'arrête, la peur que nous appelons toujours « panique » !

Mais, en général, Pan préférait rire et s'amuser à l'écart des villes et même des champs ; il n'aimait vraiment que la vie des bergers, et la compagnie des Nymphes qui, malgré sa laideur, restaient volontiers avec lui. Elles l'écoutaient avec plaisir jouer de la flûte.

△
*Pan, le dieu cornu, symbolise la nature. ▷
Il est l'inventeur de la flûte de roseaux accolés, toujours appelée « flûte de Pan ». Il enseigne ici la musique à un jeune garçon, et se plaît dans la compagnie des Nymphes.*

Les Kères

A côté des Parques, il existait également des sœurs, appelées les Kères, qui étaient des sortes de génies féminins du destin, et plus particulièrement du mauvais destin. Elles apportaient partout avec elles le malheur, la pourriture ou la maladie.
Vêtues de longs manteaux rougis de sang, les Kères saisissaient dans leurs griffes les blessés sur le champ de bataille. Puis elles les transportaient jusqu'aux portes de l'Hadès.

Les Nymphes

Qui étaient donc ces Nymphes ?

De petites divinités sans grand pouvoir mais très gracieuses, liées à tout ce qui, dans la nature, se présente en grand nombre. Une forêt, par exemple, est une grande quantité d'arbres. Mais comme chaque arbre a sa Nymphe, une forêt est aussi une grande quantité de Nymphes, des Nymphes appelées « Dryades ». Celles qui vivaient — et mouraient — plus spécialement avec les chênes s'appelaient des Hamadryades.

Les Romains donnaient à ces dernières le joli nom de « Querquétulanes ».

Mais il y avait aussi les Nymphes des prés, les Napées, celles des sources, les Naïades ; les Oréades, qui habitaient les montagnes, et bien d'autres, telles les Néréides, les Nymphes des vagues de la mer, dont le corps argenté brille en bulles au soleil.

Les Nymphes étaient extrêmement jolies et tout le monde, hommes ou dieux, les aimait beaucoup. De nombreux dieux ou héros eurent pour mère une Nymphe. Rappelons simplement Asclépios, Hermès, et Apollon lui-même. Sans parler de Dionysos.

C'est en poursuivant l'une de ces Nymphes, nommée Syrinx, que Pan inventa la flûte qui porte son nom. Syrinx, en effet, s'enfuyait pour lui échapper ; il allait la rejoindre lorqu'elle invoqua Zeus, l'appelant à son secours. Le dieu lui vint en aide d'une singulière façon : il la transforma en roseau. Dépité, Pan cueillit le roseau, et le coupa en morceaux de différentes longueurs qu'il ajusta avec de la cire. Puis il souffla dedans : il avait inventé la flûte de Pan. Et c'est la voix de la Nymphe Syrinx que l'on entend toujours lorsque l'on joue de cet instrument.

Les Muses

Il existait aussi dans la mythologie plusieurs groupes de jeunes filles, généralement des sœurs. Les Muses sont les plus célèbres.

Il s'agissait des neuf filles de Zeus et de Mnémosyne, la mémoire. Chacune représentait un art différent et, à elles toutes, elles symbolisaient ce que nous appellerions aujourd'hui la culture.

Clio s'occupait de l'Histoire, Uranie de l'Astronomie, Melpomène de la Tragédie et Thalie de la Comédie. Calliope avait en charge la Poésie épique, Érato la Poésie lyrique, et Polymnie la Rhétorique. Euterpe régnait sur la Musique et Terpsichore, enfin, sur la Danse.

Les Muses s'appelaient également les « Piérides », du nom du pays qui les avait vu naître. Ce mot de « piéride » désigne aujourd'hui une pluie d'étoiles filantes qui revient tous les ans, ainsi que le papillon du chou, tout blanc. Mais les Romains qualifiaient volontiers les Muses de « Camènes amies des champs ».

Les Muses vivaient généralement en groupe sur certaines montagnes qu'elles affectionnaient particulièrement, quelquefois l'Olympe, plus souvent l'Hélicon ; mais elles avaient un séjour de prédilection, resté bien connu : le mont Parnasse. Apollon venait souvent les y retrouver et, tous réunis, ils faisaient de la musique ou récitaient tour à tour des vers.

Quelques autres sœurs

Un autre groupe de sœurs était composé de trois jeunes filles appelées les « Grâces » par les Romains et les « Kharites » par les Grecs. On les représentait toujours nues, dansant ensemble. Pendant les festins des dieux sur l'Olympe, elles les distrayaient par leurs danses. Elles avaient pour noms Euphrosine, Aglaé et Thalie.

A côté de ces gracieuses divinités, il existait d'autres groupes de sœurs, beaucoup plus inquiétantes celles-là, comme celui que formaient les Parques. Ces trois redoutables personnages avaient la charge de tisser le fil qui représente la vie des mortels. La plus jeune, Clotho, faisait tourner le fuseau, Lachesis enroulait le fil en pelote, et Atropos le coupait quand la vie était achevée.

D'autres encore étaient très secrètes, et on en ignorait presque tout, même l'endroit où elles habitaient. Ainsi les Hespérides, filles du Soir, vivaient dans un jardin mystérieux, au bout du monde, gardé par un serpent-dragon. Quant aux Grées, les Vieilles-du-Nord, elles n'avaient qu'un seul œil et une seule dent à elles trois et elles étaient nées « déjà vieilles » !

△ *Les Nymphes de la vallée de Nysa élevèrent le petit Dionysos après la mort de sa mère Sémélé. Mais où se trouve la vallée de Nysa, la plus belle du monde, dit-on ? A vrai dire, nul n'en connaît l'emplacement.*

A ROME, DES DIEUX FAMILIERS

On ne peut dialoguer avec les dieux ; il faut les révérer et faire des sacrifices...

△
Le Genius, *inconnu des Grecs, représente la personnalité et le compagnon de notre destin. Dans la niche du laraire de la maison des Vettii, le Genius de la famille est entouré des dieux lares protecteurs.*

Nous avons vu comment les Romains, enthousiasmés par les riches légendes grecques, les avaient adoptées en bloc. Ils s'étaient simplement dit : « Tiens, il s'agit pratiquement du même dieu que le nôtre, mais voilà une légende que nous ne connaissions pas. »

Pourtant, il y avait bien des dieux romains, des dieux qu'aucun autre peuple ne connaissait, ni n'adorait. En réalité, la religion romaine était beaucoup plus « pratique » que la religion grecque. Bien sûr, au cours des mille ans de l'histoire de Rome, la religion évolua considérablement. Entre la petite tribu campagnarde de soldats-laboureurs établis sur le site de Rome lors de sa fondation légendaire en 753 av. J.-C. et les citoyens oisifs et raffinés de la Rome impériale de l'an 300 de notre ère, il y a autant de différences qu'entre les Francs de Charlemagne et nous.

Cependant, certaines grandes lignes de la religion et de la mythologie romaines n'ont pas changé au cours de ces mille ans. Et la religion des Romains présente quelques grandes différences avec celle des Grecs :

— Les dieux romains n'ont pas de légende particulière ;

— Il existe un culte des ancêtres très important ;

— Les diverses classes sociales n'adorent pas les mêmes dieux.

Expliquons-nous un peu mieux.

Les dieux pénates et les dieux lares

Les dieux pénates — les *di penates* — étaient tout à fait romains. Il s'agissait à l'origine des dieux de la cuisine et des réserves de nourriture. Comme tels, ils assuraient l'abondance dans la maison. Mais rapidement, les Romains leur trouvèrent un rôle plus noble, celui de protéger le foyer de façon plus générale.

En principe, chaque foyer avait des dieux pénates, mais il en existait également pour la nation romaine, en quelque sorte. C'étaient deux petites figurines de guerriers assis, précieusement conservées dans le temple de Vesta, la déesse du foyer que les Grecs appelaient Hestia. Elles représentaient « l'abondance de Rome » et l'on affirmait que ces antiques statuettes avaient été apportées

Les sacrifices

La base du culte des dieux, en Grèce comme à Rome, était le sacrifice d'animaux, mâles ou femelles selon la divinité. Certaines de ces cérémonies présentaient un caractère tout à fait spécial.

L'hécatombe, par exemple, correspondait au sacrifice de cent bœufs ! Il s'agissait évidemment d'une très grande fête, exceptionnelle ne serait-ce que par la quantité de viande ainsi recueillie.

Le *suovétaurile* était un sacrifice réservé à Mars-Arès. On lui offrait en même temps trois animaux mâles : un verrat, un bélier et un taureau.

Lors d'un *holocauste,* enfin, cérémonie très rare, la victime était entièrement brûlée sur l'autel en l'honneur du dieu.

△
Un sacrifice, à Rome. Le sacrificateur va assommer le bœuf, qui sera ensuite égorgé. Pendant ce temps, le père de famille, la tête voilée sous sa toge, verse une offrande dans le feu.

de Troie par Énée en personne, le prince qui, vous le verrez plus tard, était à l'origine de la fondation de Rome. Les Romains fournissaient à leurs dieux pénates de petites offrandes de gâteaux, de farine et de fleurs. Celles qu'ils faisaient aux Pénates de la cité étaient évidemment plus importantes.

Les Lares

Les dieux lares étaient, quant à eux, les dieux fondateurs des grandes familles. On les représentait sous la forme de petits bustes de cire, reproduisant plus ou moins fidèlement les plus lointains ancêtres. Ils avaient dans la maison un petit autel spécial, sur lequel on déposait également de légers sacrifices, farine ou gâteaux. Il s'agissait là d'un véritable culte des morts, tel que les Grecs n'en avaient pas la moindre idée. Mais ce culte était par la force des choses réservé aux nobles : en effet, les familles de petits paysans, par exemple, ou plus encore de descendants d'esclaves affranchis, c'est-à-dire libérés, ne connaissaient pas leurs ancêtres. Il s'agissait donc d'un culte aristocratique. Les choses se compliquèrent lorsque Rome cessa d'être une république pour devenir un empire. Comme les empereurs étaient en principe choisis dans la même famille, les Lares de la famille impériale furent bientôt considérés comme ceux de Rome tout entière, ainsi que de son empire. Et on rendit désormais un culte d'État à ces petites figurines d'or ou d'argent.

Enfin, les Romains honoraient les Mânes, c'est-à-dire les âmes des ancêtres défunts, afin qu'ils ne reviennent pas ennuyer les vivants sous forme de fantômes.

Les Numina

Mais la plupart des Romains, et notamment les paysans, n'avaient pas de dieux lares personnels, mais seulement des Pénates.

En revanche, ils adoraient des divinités assez vagues, sans légende bien définie, mais qui jouaient un rôle précis. Il s'agissait en général de divinités « agraires », campagnardes, qui veillaient, par exemple, sur les troupeaux, ou sur les moissons, ou encore protégeaient les passants aux carrefours dans la campagne. Les petites gens et les esclaves aimaient leur rendre un culte.

Le principal de ces « Numina » était Cérès, la déesse des moissons. On l'associa rapidement à Déméter, mais elle resta toujours la divinité préférée des paysans, tout au long de l'histoire romaine. Ils vénéraient ensuite Palès, dieu berger, gardien et protecteur des troupeaux, à qui était consacrée la colline sur laquelle Romulus fonda

Janus est un numen *tout à fait étrange. Avec ses deux visages, il regarde dans les deux sens. C'est le dieu des portes, des passages, de la nouvelle année... Une colline de Rome, le Janicule, lui est dédiée. Elle marquait la frontière de la Rome naissante, de l'autre côté du Tibre. Le temple de Janus signalait le passage de la guerre à la paix, ou l'inverse, selon que les portes en étaient ouvertes ou fermées.*
▽

△
Un augure tient en main le lituus, *sorte de crosse emblème de sa fonction. Les augures interprétaient l'avenir proche, pour aider à prendre une décision. Ils examinaient pour cela divers signes ; ici, l'appétit des poulets sacrés.*

Rome : le Palatin. Et aussi Ops, numen des fruits (numen est le singulier de numina) ; et encore Sylvain, numen des bois, Flore, numen des fleurs... les Numina sont innombrables.

L'un des plus étranges est certainement Janus. C'est le dieu du passage, du passage dans tous les sens du terme, passage d'une pièce à une autre — et c'est le dieu des portes ; passage d'une année à l'autre — et c'est le dieu du commencement de l'année et de l'avenir, celui qui a donné son nom au mois de janvier (janu-arius) ; passage du jour à la nuit — et c'est le dieu de la lumière.

Et comment le représente-t-on ? Avec deux visages, l'un qui regarde en avant, l'autre en arrière !

Mais, à l'origine, ces dieux n'étaient que de pures « idées » ; on ne leur donnait aucune forme, comme celle des statues ; on les symbolisait parfois par un élément qui leur était associé : ainsi le « numen » Mars, qui sera confondu plus tard avec Arès, le dieu grec de la guerre, était représenté par une épée.

Les Génies

Enfin chaque homme, de sa naissance à sa mort, était accompagné par un Génie — un *Genius*.

Il avait pour image un serpent, l'animal qui est en contact avec la Terre-mère. Chose étrange, les femmes n'en avaient qu'un, qui servait à toutes : c'était Junon. Ce « Génie » des femmes fut plus tard assimilé à Héra. Ce culte demeure à peu près le seul auquel tous, hommes libres, nobles et esclaves, participaient.

Pourquoi le petit peuple ne pratiquait-il pas les cultes principaux, ceux des grands dieux ?

Pour une raison bien simple : la religion des Romains était extrêmement stricte, elle comportait des sacrifices bien précis, exécutés par des prêtres spécialisés dans tel ou tel culte et très respectés, au contraire de la Grèce. Et ces sacrifices coûtaient très cher : comment un pauvre esclave aurait-il pu sacrifier un bœuf à Jupiter ? Où aurait-il trouvé l'argent pour payer l'animal ? Alors, les esclaves et les pauvres gens se rabattaient sur les cultes publics ou sur le petit culte des Génies et des Numina, qui ne demandaient pas grand-chose, et ils s'en contentaient.

△
La chapelle domestique, le laraire *ou* sacrarium, *de la maison de Ménandre, à Pompéi. Le feu sacré y brûlait en permanence. Les statuettes de cire représentent le* lar familiaris, *dieu du foyer, et les dieux* pénates, *divinités des provisions.*

PROMÉTHÉE, LE VOLEUR DU FEU

Le Titan crée l'homme et lui donne le feu. Zeus le punira de terrible façon.

△
Enchaîné au sommet du Caucase, Prométhée a le foie déchiré jour après jour par l'aigle de Jupiter. Héraclès finira cependant par délivrer le Titan. Ce Prométhée a été peint au XVIIe siècle, par l'Espagnol José de Ribera.

Il n'y avait pas sur la Terre que des dieux, des Titans, des Géants ou des monstres. Il y vivait également des hommes.

Zeus, en effet, n'avait pas foudroyé tous les Titans. Certains avaient été épargnés parce qu'ils avaient aidé les dieux dans leurs guerres ; c'était le cas, par exemple, de Métis, la première épouse de Zeus, ou d'Océan qui règne encore aujourd'hui sur la mer qui entoure le monde. Il se passa la même chose pour les fils du Titan Japet, Prométhée et Épiméthée, que Zeus chargea de créer les animaux et les hommes. Pourquoi ?

Parce qu'il fallait bien que les dieux puissent vivre. Et pour cela, ils avaient besoin que des hommes leur offrent des sacrifices ; ils brûlaient sur leurs hôtels la graisse et les os d'animaux égorgés.

La fumée de ces sacrifices, montant vers les cieux, nourrissait les dieux. Ils avaient donc vraiment besoin des hommes !

La création des hommes et des animaux

Prométhée et Épiméthée, sur l'ordre de Zeus, se mirent au travail. Épiméthée trouva cette occupation extrêmement amusante et fabriqua à une vitesse folle des grenouilles, des hippopotames, des scarabées, des hérissons et des chauves-souris, bref, tout ce qui lui passait par la tête.

Prométhée, au contraire, réfléchit longuement, avant de fabriquer un animal merveilleux : il se tenait debout, comme les dieux, et il avait des mains pour saisir et façonner les objets... Vous avez reconnu l'homme.

Mais lorsqu'il voulut lui donner des qualités naturelles, il s'aperçut que l'imprévoyant Épiméthée avait déjà distribué toutes les cornes, toutes les griffes et toutes les ailes ; il n'y avait plus ni vitesse, ni camouflage, ni fourrure, ni rien. Enfin, si, il restait juste un petit bout de fourrure que le Titan mit sur la tête de son bonhomme.

— C'est ennuyeux, se dit Prométhée, mon homme est complètement sans défense. Il ne pourra jamais résister aux animaux de mon frère. Il faut pourtant que je parvienne à lui trouver une protection efficace !

△
Pour illustrer la mythologie, nous faisons appel à l'imagination. Ce ne fut pas toujours vrai. Pour peindre les souffrances du Titan, un artiste de l'Antiquité aurait fait torturer un esclave !

△
En donnant le feu aux hommes, Prométhée leur permettait de faire des sacrifices. Mais Zeus laissa éclater sa colère, car les dieux n'en avaient pas la meilleure part !

Le Titan vient de dérober une étincelle au Soleil. Il protège son feu dans la tige creuse d'une férule. ▷

Et soudain, il eut une idée. Il monta discrètement sur l'Olympe et alluma au Soleil un petit charbon qu'il cacha dans la tige d'une sorte de grand fenouil creux qu'on appelle la « férule ». Et il apporta ce charbon allumé aux hommes.

La punition de Prométhée

Zeus comprit le soir même, naturellement : la Terre était illuminée d'innombrables feux !

— Voilà qui est préoccupant, songea le roi des dieux. Si les hommes sont aussi intelligents que Prométhée le prétend, ils vont se croire devenus les égaux des dieux, avec cette ridicule idée de leur donner le feu ! Heureusement, ils n'ont pas grand-chose à manger.

Mais Prométhée avait prévu également ce cas-là : lorsqu'il s'agit de faire le partage des animaux entre les dieux et les hommes, et de déterminer la part de chacun, il s'arrangea pour tromper Zeus. Il fit deux tas : l'un de viscères bleuâtres et peu encourageants, recouvrant de la viande sanguinolente, enveloppés dans la peau, qui ne se mange pas. Et un autre tas tout propre, de belle graisse blanche et d'os bien nettoyés qu'il présenta aux dieux comme plus digne d'eux. Ceux-ci s'aperçurent trop tard de la ruse : le beau tas tout propre ne contenait rien de nourrissant. Les hommes avaient toute la bonne viande, la peau bien chaude et les foies, les rognons, toutes ces choses délicieuses, sans parler des boyaux pour faire par exemple des cordes d'arc.

Cette fois, Zeus se fâcha vraiment, et il infligea à Prométhée une punition terrible : il le fit enchaîner sur une haute montagne, le Caucase, et toute la journée un aigle venait lui manger le foie. Or le Titan était immortel, et son foie repoussait pendant la nuit : son supplice serait éternel.

Ainsi fut puni Prométhée, pour avoir aidé les hommes contre les dieux.

Les dieux contre-attaquent

Les hommes avaient déjà le feu et la nourriture. Les dieux commencèrent à craindre d'être mis à l'écart et méditèrent une contre-attaque. Ils tinrent une sorte de conseil puis se mirent au travail.

Le déluge

Cette catastrophe a-t-elle réellement eu lieu ? Toutes les religions antiques du bassin de la Méditerranée, y compris la nôtre, y font allusion. Il paraît donc probable que le déluge ne soit pas une totale invention. Peut-être est-il le souvenir de l'explosion de l'île volcanique de Théra (notre Santorin), vers 1500 avant J.-C. Cette catastrophe aurait causé un gigantesque raz-de-marée dans la mer Méditerranée. Cette théorie — qui explique aussi la légende de l'Atlantide — ne permet pas de comprendre pourquoi le déluge est connu en Iran !

△
Peint au XVIIIe siècle, ce déluge est celui de la tradition biblique. Mais le récit des terres submergées par les eaux apparaît ailleurs que dans l'Ancien Testament. Ce thème se retrouve chez d'autres peuples. On le rencontre même dans des légendes de Chine ou d'Amérique du Sud.

Héphaïstos modela dans l'argile une merveilleuse poupée animée à laquelle chaque dieu fit un présent. Aphrodite lui donna la beauté, Hermès la ruse et l'imagination, Athéna lui apprit à broder et à coudre, etc. Les dieux l'appelèrent *Pandore*, c'est-à-dire « cadeau de tous », et l'envoyèrent sur la Terre.

Les hommes furent enchantés de cet admirable cadeau : c'était la première femme qu'ils voyaient ! Le plus enthousiaste fut, sans conteste, Épiméthée, qui la prit pour lui et l'emmena.

La boîte de Pandore

— Tu peux aller partout où tu veux, dit Épiméthée à Pandore, en l'installant chez lui, excepté dans cette petite pièce toujours fermée, où il y a une grande jarre qu'il ne faut ouvrir sous aucun prétexte !

Pandore promit. Malheureusement, en même temps que ses innombrables qualités, elle avait aussi reçu un petit défaut : la curiosité. La ruse des dieux reposait sur ce détail, et leur plan réussit à la perfection. Bientôt, en effet, Pandore ne put plus y tenir et, un soir qu'Épiméthée dormait profondément, elle entra dans la petite pièce et souleva le couvercle de la jarre.

Puissances du Ciel ! Quelle épouvante ! Avec un sifflement de tempête, tout le contenu de la jarre s'élançait par la fenêtre. Des choses horribles ! Toutes les maladies, tous les accidents, la vieillesse, la mort, l'envie, la colère, les malheurs, que les deux Titans, Prométhée et Épiméthée avaient prudemment enfermés dans la jarre.

Terrorisée, Pandore referma précipitamment le couvercle, mais il était trop tard : il ne restait plus dans la jarre que l'espérance. C'est la seule chose qui soutienne les hommes, car ils ne savent pas ce qui les attend ; ils n'ont pas la science de l'avenir.

Le déluge

A la suite de cette imprudence, naturellement, les maux tombèrent comme la grêle sur les hommes et ils devinrent rapidement méchants. Ils se mirent à se battre et à s'entretuer et, surtout, ils cessèrent de faire des sacrifices, ce qui était inad-

missible. Les dieux avaient faim. Zeus décida qu'il fallait supprimer cette mauvaise race et, avec l'aide de son frère Poséidon, declencha le déluge.

Ce fut épouvantable : pendant neuf jours et neuf nuits, la pluie tomba en cataractes, les rivières débordèrent et la mer envahit les terres. Tous les hommes se noyèrent, sauf un vieux couple descendant de Prométhée et d'Épiméthée, que les Titans eurent le temps de prévenir : ils s'appelaient Deucalion et Pyrrha.

Au bout de neuf jours, le soleil brilla de nouveau et les eaux se retirèrent. Le grand coffre dans lequel s'étaient embarqués les deux pauvres

△
Avec l'histoire de Pandore, la légende crée le mythe de la curiosité, qui serait réservée en priorité aux femmes... Offerte aux hommes par l'ensemble des dieux (son nom, d'ailleurs, signifie « cadeau de tous »), Pandore devient l'épouse d'Épiméthée, le Titan étourdi. La jeune femme ne pourra résister, malgré l'interdiction de son mari, à l'envie d'ouvrir la jarre qui contenait tous les malheurs des hommes. Beaucoup plus tard, la légende de Barbe-Bleue reprendra ce thème de la curiosité. Les femmes de l'ogre auront, elles aussi, besoin de connaître le secret.

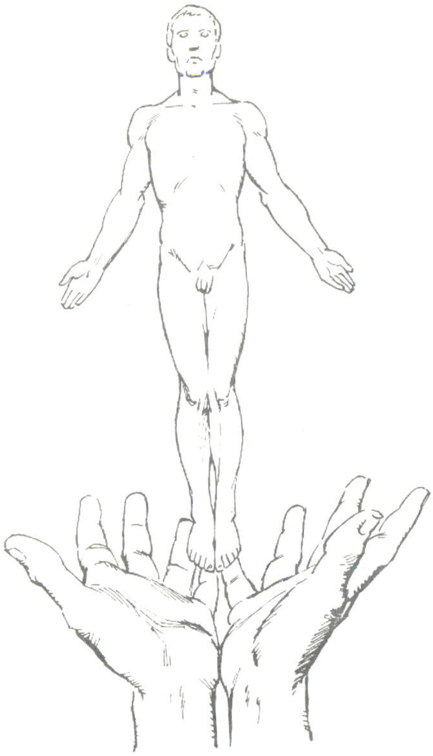

△
Le Titan Prométhée, « celui qui réfléchit avant », fut chargé par les dieux de créer les hommes. Son frère Épiméthée, lui, avait en charge les animaux.

Deucalion est le Noé grec. Avec Pyrrha, son épouse, il a survécu au déluge. Tous deux repeupleront la Terre en lançant des pierres derrière eux. ▷

Sur un char traîné par des aigles, Zeus accueille un suppliant. Nous devons cette peinture au Pérugin, un peintre italien de la Renaissance.
▽

vieux s'échoua près d'un temple en ruine, couvert de vase et d'algues. Consternés, ils regardèrent autour d'eux : il ne restait rien, que quelques cadavres accrochés dans les arbres. Tout était à recommencer.

— Qu'allons-nous faire ? dit Deucalion, c'est épouvantable !

A cet instant, une voix sortit du temple :

— Jetez derrière vous les os de votre grand-mère !

— Comment ? s'écria Deucalion. Nous ne pouvons pas faire cela. Ce serait un sacrilège !

— Mais non ! répondit Pyrrha frappée d'une idée subite, et nous n'aurons aucun mal, au contraire. Puisque nous sommes les enfants des Titans, notre grand-mère, c'est tout simplement la Terre, la vieille Gaïa. Et ses os, ce sont les pierres et les cailloux. Essayons ! Il n'y a pas de sacrilège à jeter derrière soi des cailloux.

— Peut-être, dit Deucalion, perplexe.

Et il tenta l'expérience : à peine le caillou eut-il touché le sol qu'un grand et bel homme surgit de terre ! Pyrrha essaya à son tour, et cette fois apparut une femme ! Et ainsi, jetant à tour de rôle une pierre derrière leur épaule, Deucalion et Pyrrha, en quelques heures, parvinrent à repeupler la Terre entière.

L'âge d'or

Il existe une autre version tout à fait étonnante de la création des hommes. A l'origine, les dieux avaient formé une race d'hommes en les modelant dans l'or : c'est ce qu'on appelle l'âge d'or. Cronos, réfugié en Italie, les avait rassemblés et avait organisé un merveilleux royaume. Pourtant, ces hommes de l'âge d'or mouraient. Quand ils furent tous morts, les dieux forgèrent une autre race, en argent, cette fois. Elle était beaucoup moins réussie et beaucoup plus méchante. Quand ces hommes furent tous morts, les dieux créèrent une troisième race, dans du bronze. Celle-ci était encore pire : les hommes de l' « âge d'airain » étaient si désagréables qu'ils inventèrent la guerre et s'entretuèrent. C'est alors seulement, selon cette tradition, qu'eut lieu le déluge et que Deucalion et Pyrrha, à eux deux, firent naître « l'âge de pierre », le nôtre.

PERSÉE ET ANDROMÈDE

Protégé des dieux, le héros Persée extermine les monstres et délivre les jeunes filles.

△
Fille de Poséidon, Méduse était l'une des trois Gorgones. Athéna la changea en monstre dont le seul regard transformait en pierre ceux qui le rencontraient. Persée, pourtant, parviendra, grâce à la ruse, à tuer Méduse. Cette sculpture décorait un temple de Sicile, à Sélinonte.

Le roi Acrisios régnait sur la ville d'Argos. C'était plutôt un bon roi, et ses sujets ne se plaignaient pas de lui.

Mais il avait un défaut : il était très superstitieux. Et le jour où il revint de Delphes, où il venait de consulter l'oracle d'Apollon, son premier soin fut de faire enfermer sa fille Danaé dans une tour de bronze. Pour être sûr de rester en vie. Car l'oracle lui avait prédit qu'il serait tué par son petit-fils. Et le moyen le plus simple d'éviter ce malheur, c'était évidemment de ne pas avoir de petit-fils.

La pluie d'or

Danaé passa donc ses journées à pleurer au sommet de sa tour, situation qui ne tarda pas à attirer l'attention de Zeus. Bientôt, il imagina d'en profiter pour séduire la jeune fille. A cette occasion, il utilisa le déguisement le plus spectaculaire que le roi des dieux ait jamais inventé : il se transforma, pour rendre visite à la princesse prisonnière, en pluie d'or.

Quelque temps plus tard, Danaé, toujours enfermée dans sa tour, attendait un enfant.

Une violente colère saisit le vieux roi Acrisios en apprenant la naissance du petit Persée ! Il ordonna sans hésiter de jeter à la mer cette fille désobéissante et cet abominable petit-fils. Sitôt dit, sitôt fait : les hommes d'Acrisios se saisirent sans ménagement de la mère et de l'enfant, les jetèrent dans un grand coffre de bois et abandonnèrent le tout en pleine mer.

Or il se trouva que ce grand coffre flottait parfaitement et qu'il finit par aborder tranquillement sur les rivages d'une île.

Le pêcheur dont le frère était roi

Dans cette île, un brave pêcheur recueillit les naufragés. Et voyez comme le hasard fait les choses ! Ce pêcheur, chez qui ils vécurent désormais, était le propre frère du roi de l'île. Cela peut paraître singulier, mais il s'agissait d'une toute petite île grecque des temps légendaires et son souverain n'était pas très puissant. Rien d'étonnant, donc, à ce que son frère fût pêcheur.

Et ce qui devait arriver arriva : le roi, Polydectès, tomba amoureux de Danaé. Et Persée, qui grandissait vite, dut bientôt protéger sa mère des assiduités du soupirant royal, qui l'agaçaient prodigieusement.

Polydectès, fort mécontent, chercha un moyen de se débarrasser du garçon. Il utilisa une ruse un peu compliquée, mais qui réussit à merveille : il imposa à ses sujets un impôt en chevaux vivants. Persée ne possédait naturellement pas de cheval, aussi offrit-il de payer un autre impôt, celui qui plairait à Acrisios.

— Parfait ! répliqua aussitôt le roi, tu n'auras qu'à m'apporter la tête de la Gorgone Méduse !

Persée resta abasourdi : les Gorgones étaient trois sœurs effroyables dont une seule — Méduse — était mortelle et dont le regard changeait en pierre tous ceux qu'elles regardaient. Et de surcroît, on ne savait même pas où elles habitaient !

Les Vieilles-du-Nord

Athéna, heureusement, vint en aide au jeune homme. Elle détestait en effet Méduse, pour des raisons personnelles.

— Va voir les Grées, que l'on appelle aussi les Vieilles-du-Nord, dit-elle à Persée. Elles seules savent où se trouvent le pays des Gorgones. Mais attention ! Elles ne te le diront que par ruse ou par force.

Persée remercia Athéna, mais il ne savait pas plus où trouver les Grées que Méduse elle-même.

Où habitaient ces trois vieilles horribles qui n'avaient qu'un œil et une dent à elles trois, et se les prêtaient à tour de rôle ? Eh bien, quelque part dans le nord, voilà tout ce que l'on en savait.

Mais lorsqu'en se promenant mélancoliquement sur la plage, Persée vit venir à lui un jeune homme aux sandales ailées et tenant à la main un bâton où s'enroulaient deux serpents, il comprit qu'Hermès venait à son secours.

Le dieu expliqua au jeune homme que pour réussir, il lui faudrait le casque-qui-rend-invisible et la besace-magique-en-argent. Persée était consterné. Mais son visage s'éclaira lorsque Hermès lui remit les deux objets magiques, ainsi qu'une paire de sandales ailées analogues aux siennes.

Les héros

Qu'appelle-t-on au juste un héros ? Pour les Grecs, les plus anciens de ces personnages hors du commun sont des « aborigènes », c'est-à-dire les « premiers nés après les dieux ». En somme, des enfants de la Terre-Mère, Gaia, cousins des dieux. Puis viennent les fils de divinités et de mortels ou de nymphes. Mais tout ceci reste assez vague.

Ainsi, Asclépios, fils de la mortelle Coronis et du dieu Apollon, reste un homme, tandis que Héraclès, fils de la mortelle Alcmène et de Zeus, est un demi-dieu, puis un dieu. Aphrodite et le prince Anchise ont un fils, Énée : c'est un héros. Mais le fils de Zeus et de la nymphe Sémélé, Dionysos, est un dieu. Quant à Achille, fils d'une déesse et d'un mortel, il demeure un héros et ne devient pas un demi-dieu. Vous voyez que l'on se perd un peu.

Pour les Romains, d'ailleurs, ces distinctions restaient incompréhensibles. Dieu ou mortel, il fallait choisir ! Aussi prirent-ils l'habitude, à deux ou trois exceptions près, d'intégrer leurs grands héros à leur histoire nationale. Toujours raisonnables, nos amis romains !

Mais à quoi sert un héros, dans la mythologie ? Essentiellement à dompter les monstres, à tuer les brigands qui infestent les routes, à mettre, en quelque sorte, de l'ordre. Autrement dit, les héros ont un rôle « civilisateur ». Même lorsqu'ils n'ont pas beaucoup de scrupules, tel Thésée, le héros d'Athènes, ils laissent leur patrie en meilleur état qu'avant leur venue. Et puis, il y a les anti-héros, les exemples à ne pas suivre, comme les Atrides...

Filles de Kéto et de Phorkys, les Grées étaient nées « déjà vieilles ».
Elles n'avaient qu'un œil et qu'une dent, qu'elles se passaient à tour de rôle.
Les Grées habitaient un pays mystérieux, au-delà de celui des Hyperboréens qui vivaient dans une sorte de paradis.
Ils passaient leur temps en banquets perpétuels. En hiver, Apollon désertait ses temples de la Grèce et se retirait chez eux.
La mythologie évoque ainsi de nombreux pays mystérieux, tel celui des Hespérides, ou encore l'Atlantide, la légendaire Tharsis et les îles Cassitérides.
Mais ces deux dernières ont, sans doute, des fondements historiques.
▽

— Et moi, dit Athéna apparaissant à son tour, je te fais encore un cadeau : prends cette faucille d'acier, elle te servira à couper la tête de Méduse. Prends également ce bouclier de bronze poli : en t'en servant comme d'un miroir, tu pourras voir Méduse sans croiser son regard !

Persée chaussa les sandales et s'envola donc à la suite d'Hermès. Loin dans le nord, au-delà du pays des Hyperboréens, ils atterrirent sur l'île des Grées. Les trois vieilles offraient un spectacle épouvantable, assises en rond et tremblant de tous leurs membres.

Au moment où l'une d'elles passait à sa sœur leur œil commun, Persée tendit vivement la main

et s'en empara au passage. Ce fut un beau concert de cris et de malédictions ! Mais Persée ne céda pas : il ne leur rendrait l'œil que si elles lui indiquaient l'itinéraire à suivre pour gagner le pays des Gorgones. Force fut aux vieilles de céder.

△
Très au nord, l'île des Gorgones était une contrée mystérieuse, située au-delà de tout. Au-delà du vent du Nord, du pays des Hyperboréens, de l'île des Grées...

L'île des Gorgones

Seul, cette fois, Persée reprit son vol, serrant précieusement les cadeaux magiques des dieux. Coiffé du casque-qui-rend-invisible, il put débarquer discrètement. Il avança avec prudence, regardant son chemin à l'envers dans le bouclier.

Les trois Gorgones dormaient. Méduse se reconnaissait facilement à ses écailles de bronze et aux horribles serpents qui se tordaient sur sa tête en sifflant.

S'avançant silencieusement, et regardant toujours dans son miroir, Persée lança un formidable coup de faucille : la tête de Méduse tomba sur le sol dans un furieux bruit d'écailles, sa queue de serpent fouettant le sol. Le jeune homme bondit, saisit la tête, la jeta dans la besace magique qui en prit automatiquement les dimensions, et sans perdre un instant, s'envola vers la Grèce.

△
Persée brandit la tête de Méduse pour pétrifier ses adversaires. Cette photo est extraite du film Le Choc des Titans. *Le réalisateur, en tournant cette histoire, a mêlé la légende de Persée et celle de Bellérophon.*

Andromède

Persée approchait de l'île où l'attendait sa mère quand il vit sur les flots un spectacle étrange : une jeune fille nue était enchaînée solidement à un rocher et poussait des cris de terreur. Et il y avait de quoi ! Un monstre marin soulevant un sillage d'écume s'approchait d'elle la gueule ouverte.

Persée n'hésita pas une seconde : il tira d'un geste sa faucille d'acier et dans l'instant plongea du haut du ciel.

Le combat fut bref. Quelques minutes plus tard, le monstre gigantesque dérivait lentement, le ventre en l'air.

Les parents de la jeune fille se hâtèrent de venir en barque et félicitèrent joyeusement le héros. C'étaient le roi et la reine de l'île qui avaient dû offrir leur fille Andromède en pâture à un monstre envoyé par Poséidon ! Le souverain offrit naturellement à Persée d'épouser Andromède, et celui-ci accepta très volontiers.

△
Ce « discobole » est une réplique d'une célèbre statue du sculpteur Myron. Le lancer du disque était une épreuve des Jeux grecs.

△
Walter Crane a illustré l'histoire de Persée. Ici, le héros met la tête de la Gorgone dans la besace magique.

Persée aperçoit Andromède attachée à un rocher. Le héros attaque le monstre marin qui menace la jeune fille. ▷

Un fâcheux incident vint cependant troubler les noces : l'ancien fiancé d'Andromède arriva furieux avec ses hommes au beau milieu du festin pour réclamer la jeune fille. Il répliqua grossièrement aux remontrances du roi, qui lui faisait remarquer qu'il n'avait rien tenté pour sauver sa fiancée. La discussion s'envenimait.

— Eh bien, dit tout à coup Persée exaspéré, nous allons régler la question ! Que tous mes amis ferment les yeux !

Et il tira de sa besace la tête de Méduse. A l'instant même, l'ancien fiancé et ses hommes furent changés en statues de pierre. Ils avaient vu la terrible tête qui, même morte, gardait son pouvoir intact.

Les noces eurent enfin lieu et Persée, en compagnie d'Andromède, prit le chemin de l'île de Sériphos.

Pendant son absence, les choses y avaient fort mal tourné. Danaé, sans cesse poursuivie par le roi Polydectès, s'était réfugiée dans un temple, avec le pêcheur, et le souverain furieux avait fait murer le temple !

Quand Persée arriva et lui annonça la mort de Méduse, le roi ricana avec mépris.

— Vous voulez des preuves ? dit Persée en colère, eh bien, attendez ! En voici !

Et il brandit la tête de la Méduse.

Polydectès fut changé en pierre et le trône revint au brave pêcheur.

Le disque du destin

Persée partit ensuite pour Argos avec sa mère et sa femme, afin d'avoir une explication avec son grand-père.

Chemin faisant, les trois voyageurs arrivèrent dans une ville où l'on donnait des jeux en l'honneur du roi, qui venait de mourir. Persée, qui excellait au lancer du disque, s'inscrivit parmi les concurrents. Mais quand il lança son disque, le lourd projectile de pierre dévia et tomba au milieu des spectateurs. On releva un vieil homme tué sur le coup, le crâne fracassé. Il s'appelait Acrisios et était roi d'Argos : Persée avait tué son grand-père. L'oracle était accompli.

Le reste de la vie de Persée et d'Andromède fut heureux. Un de leurs petits-fils fut Héraclès.

JASON ET LES ARGONAUTES

Cinquante compagnons tentent la plus grande aventure de leur temps.

△
Le navire Argo *fut construit avec l'aide d'Athéna. Sur ce grand navire, les Argonautes partirent à la conquête de la Toison d'or. Pour les artistes de la Renaissance, l'*Argo *ne pouvait que ressembler aux bateaux de leur temps.*

Dans la ville de Iolchos, régnait le roi Aeson. Il venait d'avoir un fils, nommé Jason, lorsque son demi-frère Pélias le renversa et s'empara du trône. Le petit Jason grandit en exil.

Il fut élevé par le vieux Chiron, le sage Centaure auquel on confiait souvent les jeunes garçons. Auprès de Chiron, Jason se fit beaucoup de camarades célèbres, mais à dix-huit ans, il quitta son maître et partit réclamer son royaume.

L'homme à l'unique sandale

Le chemin était long, mais le voyageur avait de bonnes jambes. Il arriva près d'une rivière, qu'il fallait franchir sans pont. Une vieille femme lui demanda de l'aider à traverser.

— Montez sur mon dos, la mère ! dit le grand gaillard, vous ne sentirez même pas l'eau.

Effectivement, la vieille ne se mouilla pas, mais Jason perdit une de ses sandales dans le courant. Sur l'autre rive, la vieille femme le remercia, le fixa d'un air bizarre et s'en alla. Jason ne sut jamais qu'il avait transporté sur son dos la déesse Héra déguisée. Mais désormais, elle le protégea.

Quant au jeune homme, il poursuivit son chemin tranquillement et arriva bientôt à Iolchos.

Là, les gens le regardèrent avec curiosité, le montrant du doigt :

— L'homme à l'unique sandale ! murmuraient-ils, l'oracle est accompli !

Jason ne prit pas garde à ces paroles. En quoi il avait tort, car l'oracle avait déclaré des années auparavant que le roi Pélias devrait se méfier d'un étranger qui arriverait un jour dans le pays avec une seule sandale aux pieds.

Aussi Pélias se montra-t-il fort inquiet quand Jason se présenta devant lui :

— Que désires-tu, jeune homme ? demanda l'usurpateur.

— Recouvrer mon royaume, mon oncle, répondit Jason.

Comment se débarrasser de son neveu

Or, Pélias n'avait aucune envie de rendre le trône d'Iolchos. Il fallait se débarrasser de « l'homme à l'unique sandale », son neveu. Il sourit.

— Ta requête est parfaitement juste, dit-il, mais avant de ceindre la couronne, tu dois naturellement prouver que tu en es digne.

— Je le prouverai ! dit fermement Jason.

— Je t'impose donc une épreuve : tu iras en Colchide et tu me rapporteras la Toison d'Or. C'est tout. A ton retour, Iolchos sera à toi.

Jason n'en revenait pas. La célèbre Toison d'or était la peau d'un bélier d'or qui avait jadis sauvé deux enfants de la mort en les emportant sur son dos à travers le ciel. Il avait atterri en Colchide, le pays que nous appelons aujourd'hui la Géorgie, autant dire au bout du monde pour les Grecs. De plus, on disait que la Toison d'or était gardée par un serpent-dragon qui ne dormait jamais !

Les aventuriers du navire Argo

Jason n'avait pas le choix : il se mit au travail.

Tout d'abord, il fit appel pour cette expédition sans précédent à ses compagnons de jadis, les héros de la Grèce. Ils accoururent en grand nombre, se frottant les mains à l'idée des splendides bagarres que promettait un tel voyage ! Il vint le héros le plus fort du monde, Héraclès, il vint Orphée, le grand poète, les terribles jumeaux Castor et Pollux, les deux étranges frères ailés, fils d'Éole, Zéthès et Calaïs, Lyncée, qui voyait au-delà de l'horizon... bref, au bout de peu de temps, ils étaient cinquante.

Ils commencèrent par construire un formidable navire, le plus grand qu'on ait jamais vu, sous la direction de l'architecte Argos. La déesse Athéna l'aida dans cette tâche et lui donna même une maîtresse-poutre venue des forêts sacrées de Dodone pour former l'étrave du bateau géant. Et quand il fut terminé, on l'appela *Argo,* en l'honneur de son constructeur. Les cinquante compagnons, les Argonautes, s'embarquèrent.

Un voyage mouvementé

La première escale fut une île dont les femmes avaient tué leurs maris et qui ne voulaient plus laisser repartir les cinquante Argonautes : elles en auraient bien fait leurs nouveaux époux !

△

Les frères ailés Zéthès et Calaïs étaient les fils du vent du nord et les petits-fils d'Éole. Grâce à eux, le vieux roi-devin Phinée put se débarrasser des Harpies. Ces êtres horribles, moitié femme, moitié oiseau de proie, venaient en effet tous les jours voler ou souiller la nourriture de Phinée. Le roi était aveugle et ne savait comment les chasser. Zéthès et Calaïs poursuivirent les Harpies dans le ciel, en massacrèrent quelques-unes et chassèrent les autres si loin qu'elles ne revinrent jamais. En échange, Phinée enseigna aux Argonautes la route à suivre pour gagner la Colchide, une région de l'actuelle Géorgie.

La boxe antique

Vous croyez peut-être que l'expression « punching ball » n'est utilisée ici que pour donner de la vie au récit ? Regardez le document ci-dessous : le « punching ball » existait bel et bien ! Comme de nos jours, il s'agissait d'un lourd sac de cuir rempli de sable, sur lequel les athlètes travaillaient leur « droite-gauche ». Cela dit, la boxe antique présentait une grande différence avec la nôtre. Les coups bas, notamment, en dessous de la ceinture, étaient permis. On reconnaît à cela les statues d'athlètes : leurs muscles abdominaux sont extrêmement développés, afin de résister aux coups terribles portés par l'adversaire.

△
Pollux s'entraîne au « punching-ball » avant son match contre Amycos. Ce merveilleux dessin orne une « ciste » étrusque, c'est-à-dire une boîte à maquillage.

Les plus grands héros grecs se retrouvent à bord du navire Argo. *Ils auront à affronter de terribles dangers : monstres, tempêtes... et même île flottante !* ▷

Dans une autre île, le roi les accueillit très aimable et leur offrit un banquet. Pendant qu'ils festoyaient, des géants à dix bras attaquèrent le navire. Fort heureusement, ce soir-là, Héraclès montait la garde sur le bateau *Argo* ; lorsque les compagnons revinrent du palais royal, ils trouvèrent les géants assommés et entassés sur la plage.

Pourtant, Héraclès devait bientôt quitter le navire. Il avait cassé son aviron, et il fallut débarquer pour en tailler un autre. Mais à peine à terre, son serviteur disparut. Le héros, qui l'aimait beaucoup, se mit à sa recherche. Mais comme ni l'un ni l'autre ne revenaient, les Argonautes durent se résoudre à partir sans eux.

On arriva dans le pays des Bébryces. Leur roi, Amycos, était champion de boxe et de course. Il recevait aimablement les voyageurs qui le battaient à ces deux sports. Il tuait les autres.

Le redoutable Héraclès n'était plus à bord, mais l'équipage comptait quand même deux spécialistes : Castor et Pollux, le coureur et le boxeur. Castor fit quelques exercices d'échauffement puis, au signal, dépassa Amycos comme une flèche. Ce n'était guère difficile pour un homme qui avait été plusieurs fois champion olympique pour la ville de Sparte.

Pendant ce temps, Pollux s'entraînait au « punching-ball ». Quand son tour fut venu, il assomma Amycos d'un seul coup de poing et les Argonautes purent débarquer tranquilles !

Zéthès et Calaïs se distinguèrent à leur tour. Ils chassèrent définitivement les Harpyes, ces monstres volants qui dérobaient tous les jours la nourriture d'un pauvre roi aveugle, dans une autre île. Reconnaissant, celui qu'ils avaient sauvé leur indiqua la bonne route à suivre.

Enfin, après d'innombrables aventures, le navire *Argo* arriva en Colchide et jeta l'ancre devant la capitale, Aéa.

La fille du roi était à sa fenêtre...

Le roi de Colchide, Aétès, fut consterné par l'apparition de ce navire gigantesque, monté par ce terrifiant équipage de héros. N'ayant aucune chance de se débarrasser des visiteurs par la force, il plaça tous ses espoirs dans la ruse.

△
Jason, le Grec, et Médée, l'Orientale, se marient. Cette scène a été sculptée par un Romain. Il a donc représenté la dextrarum junctio, *l'union des mains droites, symbole romain du mariage.*

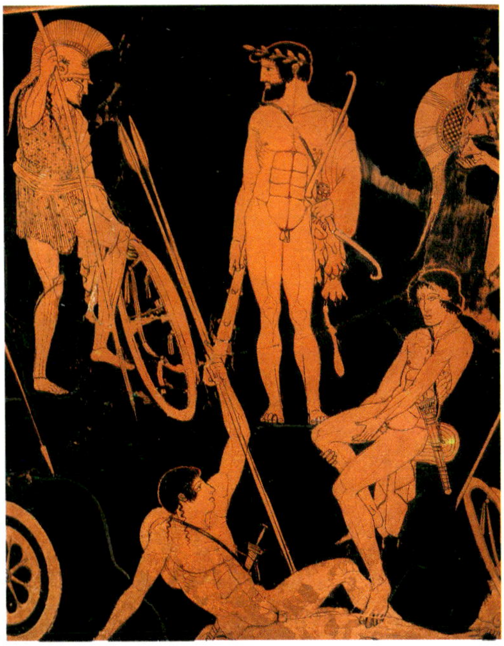

△
Les cinquante compagnons de Jason étaient les plus grands héros de la Grèce. Parmi eux figuraient Héraclès, reconnaissable à sa peau de lion, Lyncée, l'homme à « la vue de lynx », Castor, Pollux, Orphée, Télamon, Eurydamas, Zéthès et Calaïs, Amphiaraos, et beaucoup d'autres, moins connus...

Il expliqua donc à Jason que la Toison d'or était à qui pouvait la prendre, mais qu'il fallait naturellement passer tout d'abord quelques épreuves. Jason en avait vu d'autres : il répondit qu'il était prêt. De quoi s'agissait-il ?

— Tout d'abord, dit le roi sur un ton assez désinvolte, il faut atteler à ma charrue de bronze mes deux taureaux qui soufflent le feu. Quand tu auras labouré le champ, tu sèmeras les dents de dragon qui se trouvent dans ce casque. Ensuite, quand tu auras tué les guerriers en armes qui naîtront des dents de dragon, tu pourras aller prendre la Toison d'or.

Le visage de Jason s'allongeait au fur et à mesure de cette énumération.

— Mais le dragon, dit-il au roi, le dragon qui garde la toison ?

— Le dragon ? C'est ton affaire ! Je ne puis rien pour toi de ce côté-là. A demain. Les épreuves ont lieu à l'aube.

Jason se retira fort ennuyé.

Cependant, comme tous les Argonautes, Jason avait un don, un don discret, mais qui se révéla bien utile : il plaisait irrésistiblement aux femmes !

Et la fille du roi, Médée, ne pensait plus qu'au héros grec depuis qu'elle l'avait vu débarquer. Jason avait bien de la chance, car cette princesse était une puissante magicienne !

Le soir, elle vint trouver le jeune étranger et lui donna un onguent pour se frotter le corps ainsi que quelques conseils sur la façon de procéder.

Les taureaux de bronze et les dents du dragon

A l'aube, les épreuves eurent lieu. Au grand étonnement du roi, Jason attela sans difficulté les taureaux à la charrue. L'onguent de Médée le protégeait contre le souffle enflammé des terribles animaux.

Il laboura promptement le champ et sema les dents de dragon. Il sortit aussitôt des sillons une moisson d'hommes en armes qui se précipitèrent, l'épée à la main. Mais le jeune homme, suivant le conseil de Médée, ramassa une pierre et la lança sur le guerrier le plus proche. La pierre ricocha sur sa cuirasse et alla en frapper un autre : se croyant attaqués, les soldats se retournèrent les uns contre les autres et s'entretuèrent. Jason massacra le dernier. Il avait triomphé des épreuves.

La Toison d'or

Furieux, Aétès déclara au héros qu'il pouvait aller prendre la Toison d'or dès le lendemain matin.

Mais dès le début de la nuit, Médée vint en toute hâte prévenir Jason :

— Vite, souffla-t-elle, il n'y a pas une seconde à perdre, mon père a décidé de vous attaquer avec ses hommes et de vous massacrer ! Réveille Orphée et allons chercher la Toison d'or à l'instant même, nous aurons juste le temps de fuir.

Jason fit ce qu'elle demandait et ils se dirigèrent en hâte vers le bois sacré où se trouvait la toison. Tout en marchant, Orphée jouait merveilleusement de la lyre sur un rythme de plus en plus doux et berceur. Quand ils arrivèrent, la musique avait fait son œuvre ; le serpent-dragon « qui ne dormait jamais » s'était bel et bien endormi.

Et la merveilleuse Toison d'or brillait doucement au clair de lune, pendue aux basses branches de l'arbre. Jason s'en saisit d'un bond, la jeta sur son épaule, et s'enfuit en courant vers le

△
Le dragon apparaît dans la plupart des mythologies. Celui-ci, aux vives couleurs, garde le temple de Swégadon, en Birmanie.

Jason commença par labourer un champ avec une charrue attelée de taureaux de bronze. Puis il sema des dents de dragon. Aussitôt, des guerriers surgirent et l'attaquèrent.
▽

navire *Argo*, Médée et Orphée se hâtant sur ses talons. Sans perdre une seconde, les Argonautes poussèrent le navire à la mer et s'éloignèrent de la Colchide à force de rames, emmenant avec eux, outre la fameuse Toison d'or, la magicienne Médée et son petit frère Apsyrtos.

△
Médée, abandonnée par Jason, commet un crime horrible : elle tue ses propres enfants. Le peintre Delacroix, au XIXe siècle, donne une image saisissante de ce drame.

La poursuite

A l'aube, ils étaient loin. Mais l'*Argo* avançait lentement, faute de vent. Et bientôt on signala une flotte qui s'approchait à la rame : c'étaient les navires d'Aétès lancés à leur poursuite.

Médée imagina alors une ruse effroyable : elle tua son frère, le dépeça et en jeta les morceaux à la mer un à un ! Jason ne vit pas ce crime. Plein d'angoisse, il observait les poursuivants et s'étonnait de voir les navires d'Aétès s'arrêter de temps à autre ou même faire des détours : il ne pouvait savoir que le malheureux père repêchait l'un après l'autre les morceaux de son fils flottant entre les vagues. Bientôt la nuit tomba, Aétès avait abondonné la poursuite, les Argonautes étaient sauvés. Mais à quel prix !

△
Sur les navires grecs de l'Antiquité, les rameurs sont souvent à l'ouvrage. Mais dès que le vent se lève, la voile vient aider leurs efforts.

Avec Circé, sa tante, Médée est la seule magicienne de la mythologie. On comprend pourquoi elle s'enfuit dans un char attelé de dragons. ▷

La mort de Pélias

Jason fut épouvanté quand il apprit le terrible crime de Médée. Ce geste n'allait pas rester impuni, d'ailleurs, car les dieux horrifiés firent errer pendant des mois et des mois sur les mers le navire, ballotté par les tempêtes, attaqué par des peuplades féroces ou des monstres marins. Jason finit cependant par rentrer à Iolchos. Mais là, son oncle Pélias trahit sa promesse et refusa de lui rendre le trône.

Jason ne pouvait plus compter sur les Argonautes qui s'étaient séparés. Que faire ?

Ce fut Médée qui arrangea les choses à sa manière, c'est-à-dire de façon atroce. Elle était rapidement devenue la meilleure amie des filles de Pélias et venait souvent les voir.

— Papa vieillit, disaient les jeunes filles, il n'est plus ce qu'il était.

— Ne vous tourmentez pas, les consola Médée, je connais un merveilleux procédé qui

La Toison d'or

La curieuse légende de la Toison d'or recouvre une intéressante réalité. Les marchands grecs, en effet, allaient jusqu'en Géorgie pour échanger du vin, de l'huile et des poteries... contre de l'or. Les fleuves et les rivières de cette région roulent des paillettes de métal précieux. Comment recueillait-on cet or ? Tout simplement en déposant des peaux de mouton au fond des cours d'eau. La boue aurifère se prenait dans la laine. En lavant ensuite ces toisons dans des baquets, la boue partait, tandis que les paillettes, plus lourdes, pouvaient être récupérées. Cette méthode est encore utilisée aujourd'hui.

△
Après son unique et formidable voyage, le navire Argo *ne servit plus jamais. Tiré au sec, il resta ensablé sur la plage, où il tomba en ruine.*

permet de retrouver la jeunesse ; nous l'utilisons beaucoup, en Colchide !

Ce procédé consistait tout simplement à couper leur père en morceaux et à le faire bouillir avec certaines herbes. Les deux jeunes idiotes la crurent... et mirent le roi dans une marmite !

Le trône était vacant. Mais Jason y renonça et s'enfuit de Iolchos avec son abominable femme. Il se réfugia à Corinthe, où ils vécurent dix ans.

La vengeance de Médée

Au terme de ce temps, le roi de Corinthe offrit à Jason la main de sa fille Créüse. Jason hésita... puis accepta : ce mariage l'arrangeait bien. Mais, direz-vous, Médée ? Eh bien, elle était étrangère. Et si, pour les Grecs, un mariage avec une étrangère était tout à fait possible, il n'avait cependant aucune valeur : Jason se montrait ingrat, mais il était dans son droit. On apprêta donc les noces.

Médée ne dit rien. Elle regarda fixement son époux, pour l'amour de qui elle avait commis tant de crimes, et prépara ses bagages. Elle offrit même à la fiancée une magnifique tunique.

Le mariage eut lieu. Créüse était toute joyeuse. Jason aussi. Soudain, on vint le prévenir, en toute hâte : Médée venait de s'enfuir dans un char aérien tiré par deux dragons. Il accourut chez lui : la criminelle, avant de partir, avait égorgé leurs deux enfants.

A cet instant, des cris se firent entendre dans le palais. La pauvre Créüse venait de revêtir la tunique offerte par la magicienne, et elle se tordait par terre de douleur : le tissu brûlait comme une torche ! Elle mourut le soir même.

La fin de Jason

Désespéré, Jason s'enfuit de Corinthe. Il vécut encore quelque temps, rêvant à ses aventures passées et à sa gloire ancienne en regardant pourrir doucement la carcasse du navire *Argo,* ensablée sur la plage. Et puis un soir, la maîtresse-poutre de l'étrave, celle qui avait été donnée par Athéna, se détacha et l'écrasa. Ainsi mourut Jason, le héros qui avait conquis la Toison d'or.

HÉRACLÈS, LE TUEUR DE MONSTRES

Là où passe le fils d'Alcmène, les routes deviennent sûres...

△
Héraclès lève sa célèbre massue en bois d'olivier et va frapper. Le héros porte la peau du lion de Némée, l'un de ses plus beaux trophées.

En ce temps-là, la belle Alcmène vivait à Mycènes avec son mari Amphitryon, un célèbre général.

La jeune femme plaisait beaucoup à Zeus, mais il n'avait guère de chance, car Alcmène aimait énormément son mari. Aussi le roi des dieux ne trouva-t-il comme solution que de prendre lui-même l'aspect d'Amphitryon et de venir voir la jeune femme tandis que son mari était à la guerre. Alcmène tomba dans le piège et accueillit à bras ouverts l'usurpateur.

C'est ainsi que naquit Héraclès.

Mais Héra, la jalouse Héra, veillait. Pour se venger de cette infidélité de Zeus, elle commença par faire naître avant Héraclès un de ses cousins, Eurysthée. Elle lui assurait ainsi le royaume d'Argos. Zeus, en effet, en pensant au fils qu'Alcmène allait mettre au monde, avait solennellement promis « au descendant de Persée qui naîtrait le premier » la royauté d'Argos. Mais les descendants de Persée étaient nombreux ! Cela ne suffit pas à Héra : quelque temps plus tard, elle résolut d'en finir en envoyant un terrible serpent dans la chambre où dormaient Héraclès et son frère jumeau. Aux hurlements du petit frère, Alcmène accourut. Épouvantée, elle découvrit son fils Héraclès jouant avec le cadavre du reptile qu'il venait d'étrangler dans ses mains de bébé !

Un enfant turbulent

A dix ans, Héraclès était un enfant particulièrement robuste. Alcmène et Amphitryon avaient décidé de lui donner une éducation recherchée et il avait les meilleurs maîtres. Mais le garçon préférait aux études le sport et surtout les arts martiaux. Le jour où, réprimandé par son professeur de musique, il prit sa cithare et la lui cassa sur la tête, l'assommant par la même occasion, Amphitryon trouva que cet enfant devenait vraiment encombrant. Il l'envoya à la campagne garder les troupeaux.

Héraclès fut enchanté de se retrouver au grand air, libre de faire ce qui lui plaisait. Il passa son temps à s'exercer aux sports les plus violents avec ses camarades les bergers. Et lorsqu'il tua une bête qui ravageait les troupeaux, on commença à parler avec admiration de la force extraordinaire du jeune homme.

J·P·C

Un crime épouvantable

Peu après, Héraclès entra au service de Créon. Ce roi régnait sur Thèbes, ville qui luttait alors contre la cité d'Orchomène. Avec Héraclès à la tête des troupes, la guerre fut vite terminée, on s'en doute. Créon, ravi, donna au jeune héros sa fille Mégarée.

Le couple vivait heureux avec ses trois enfants. Hélas, Héra n'avait rien oublié. La rancunière déesse frappa un jour le héros d'une crise de démence et, sans savoir ce qu'il faisait, Héraclès massacra sauvagement sa femme et ses enfants.

La crise de folie passa comme elle était venue et le malheureux, épouvanté, réalisa ce qu'il avait fait. Désespéré, il s'enfuit à Delphes consulter la Pythie sur la conduite à tenir. L'oracle répondit que, pour expier ce crime abominable, il devait se mettre au service de son cousin Eurysthée qui le chargerait de diverses tâches. A ce prix, seulement, son crime pourrait être racheté.

Les Pygmées

Pour venir à bout du géant Antée, Hercule l'étouffa en le soulevant de terre. Le héros mit ainsi fin à la vie d'un personnage assez étonnant. Antée, en effet, défendait un petit peuple, celui des Pygmées, contre... les grues ! Ces oiseaux aquatiques gobaient les Pygmées comme les cigognes avalent les grenouilles. Le géant, avec son gourdin en bois de pin, mettait les grues en fuite. Aussi, lorsque Héraclès l'eut tué, les Pygmées l'attaquèrent pour venger leur protecteur. Le héros étouffa les pauvres petits hommes sous la peau du lion de Némée. Cette légende nous permet de penser que des voyageurs grecs étaient allés jusqu'en Afrique noire, là où vivaient les véritables Pygmées.

Les douze travaux : premiers exploits

Eurysthée, qui était devenu roi d'Argos, reçut son terrible cousin avec une certaine méfiance. Il lui confia tout d'abord quelques travaux d'utilité publique. Et pour commencer, il lui ordonna de délivrer le Péloponnèse d'un fauve qui terrifiait la population : le gigantesque lion de Némée.

Héraclès se tailla donc une solide massue de bois d'olivier et partit attaquer le monstre. Le combat fut effroyable, les coups n'atteignaient même pas le lion : il était invulnérable.

En un éclair, le héros changea de tactique : il jeta son gourdin inutile, prit le fauve à la gorge et l'étrangla. Puis il l'écorcha et se revêtit de sa peau. Et on le représente souvent ainsi : couvert de la peau du lion de Némée et armé de sa massue.

Eurysthée, très impressionné, envoya alors son cousin exterminer l'hydre de Lerne. Cette horrible bête, qui vivait dans un marais, avait neuf têtes qui repoussaient à chaque fois qu'on les coupait. Que faire ? Héraclès eut une idée. Aidé par son neveu Iolaos qui suivait avec enthousiasme cet oncle formidable, le héros brûla avec

△
Héraclès massacre l'hydre de Lerne, monstre aux multiples têtes. Les douze travaux du héros ont très souvent été représentés sur les poteries grecques.

◁ *Un serpent envoyé par Héra attaque Héraclès, encore dans son berceau. Son frère hurle de peur, sa mère est terrifiée, mais le bébé, lui, étrangle l'animal le plus joyeusement du monde !*

△
Pour le premier de ses douze travaux, Héraclès affronta le lion de Némée. Le héros parvint à étouffer le monstre, dont il revêtira la dépouille.

une torche les tronçons sanglants de chaque tête coupée, et l'hydre de Lerne fut éliminée.

Mais, pensant à l'avenir, Héraclès trempa dans le sang empoisonné de la bête la pointe de ses flèches : elles devinrent des armes mortelles.

Eurysthée, de plus en plus effrayé par les exploits de son cousin, lui demanda alors de le débarrasser du monstrueux sanglier d'Érymanthe. Héraclès rattrapa le monstre à la course. A son retour, il s'amusa beaucoup de la terreur du pauvre Eurysthée qui, tremblant devant cette bête fauve, s'était réfugié à la cave, dans un tonneau !

Des épreuves toujours plus difficiles

Et les travaux d'Héraclès continuèrent... Après une poursuite d'un an, il s'empara de la Biche aux cornes d'or. Puis il massacra les horribles oiseaux du lac Stymphale. Il effraya ces animaux de bronze avec des « crotales », des sortes de castagnettes de métal, et les abattit à coups de flèches empoisonnées. Les écuries du roi Augias n'avaient pas été nettoyées depuis cinquante ans : Héraclès les rendit propres en un seul jour en y faisant passer un fleuve...

Découragé, Eurysthée envoya désormais Héraclès le plus loin possible. En Crète, il dut s'emparer d'un taureau géant : il le rapporta sur son dos, à la nage. Le roi Diomède nourrissait ses juments de chair humaine : Héraclès partit en Thrace et

Avec leurs plumes de bronze, les oiseaux du lac Stymphale bombardaient les voyageurs. Héraclès les effraya, puis les tua à coups de flèches. ▷

Héraclès eut aussi à combattre les Amazones, ce redoutable peuple de femmes guerrières.
▽

△
Pollaiuolo, sculpteur italien de la Renaissance, a représenté un épisode curieux de la vie d'Héraclès : la mort du géant Antée. Celui-ci, fils de la Terre, reprenait des forces dès qu'il entrait en contact avec le sol. Héraclès ne put en venir à bout qu'en le soulevant de terre et en l'étouffant entre ses bras. Antée a souvent été confondu par les Romains avec le brigand Cacus, un héros assez mystérieux de l'ancienne Rome.

donna le cruel souverain à manger à ses propres chevaux, libérant ainsi son pays.

Puis Héraclès alla chercher la ceinture merveilleuse de la reine des Amazones, Hippolyte. Les Amazones étaient un peuple de femmes guerrières qui habitaient l'actuelle Bulgarie. Héraclès revint victorieux : la reine était même tombée amoureuse de lui.

Le voilà maintenant à l'autre bout de la Méditerranée, opposé au géant Géryon, un monstre à trois corps qui habitait l'Espagne. Héraclès le tua et ramena en Grèce ses troupeaux de bœufs rouges.

Eurysthée lui confia alors un travail vraiment très difficile : rapporter les fameuses pommes d'or des Hespérides, que gardait un dragon. Or personne ne savait où situer le jardin des trois jeunes filles. Le héros lui-même dut le chercher un an avant de découvrir qu'il se trouvait au Maroc.

Finalement, il revint avec les trois fabuleuses pommes d'or, après avoir soutenu un moment le ciel sur ses épaules tandis que le Titan Atlas, chargé habituellement de ce rôle, allait cueillir les fruits merveilleux.

Enfin, Eurysthée envoya Héraclès aux Enfers chercher l'effroyable chien à trois têtes, Cerbère, qui en gardait l'entrée. Mais quand il vit le héros revenir en tenant au bout d'une laisse ce monstre infernal, il lui ordonna simplement de le ramener là où il l'avait pris. Découragé, il lui rendit enfin la liberté. Héraclès avait accompli ses douze « travaux ».

Les Centaures

Les Centaures, les hommes-chevaux, représentaient pour les Grecs le lien entre le cultivateur, sédentaire et civilisé, et le nomade, pasteur et sauvage. Très versés dans la science des herbes médicinales, les Centaures ne buvaient pas de vin, mais du lait... ou du sang. Le plus célèbre d'entre eux, Chiron, assura l'éducation de nombreux héros.
Les Centaures furent tués par Thésée, Pirithoos et Héraclès.

Un ami bruyant mais fidèle

Le héros était enfin purifié et libre. Mais ses exploits ne s'arrêtèrent pas là, bien entendu. Il partit avec Jason à la conquête de la Toison d'or ; il devint l'esclave de la reine Omphale ; il fonda les jeux Olympiques...

Et il eut encore l'occasion de descendre aux Enfers. Voici comment.

Un soir, très fatigué, Héraclès arriva chez un de ses amis, le roi Admète. Il fut surpris de le trouver triste et même en deuil.

— Quelqu'un serait-il mort chez toi ? lui demanda-t-il.

— En effet, répondit son ami, une femme de la maison. Mais ne t'inquiète pas, mange et bois comme si rien ne s'était passé. Seulement, tu comprends, je te laisserai dîner seul...

Admète avait tant de respect pour les lois de l'hospitalité, comme tous les Grecs, qu'il n'avait pas voulu dire à son ami que la morte était sa propre femme, Alceste, laquelle avait consenti à mourir à sa place.

Héraclès se mit à table en voyageur affamé, mangea comme quatre et but plus que de raison le bon vin de son ami. Tant et si bien qu'il commença bientôt à chanter d'une voix de tonnerre et à vouloir embrasser les servantes ! Bref, à faire un abominable scandale.

Les serviteurs finirent par lui expliquer la situation. Héraclès fondit en larmes et s'arracha les cheveux de désespoir. Puis il se leva, prit sa masse et sortit dans la nuit, les sourcils froncés.

A l'aube, il rentra, accompagné d'une femme mystérieuse voilée de blanc. Il demanda Admète. Le pauvre veuf accourut.

— Reconnais-tu cette femme ? interrogea Héraclès en dévoilant sa compagne. Et il se mit à rire à gorge déployée.

Confus du bruit qu'il avait fait dans une maison en deuil, il était descendu pendant la nuit aux Enfers et après une bataille acharnée contre les

△

Les Hespérides étaient des jeunes filles qui vivaient dans un mystérieux jardin, aux limites du monde. Héraclès mit plusieurs années à le découvrir. Il en rapportera les « pommes d'or », qui étaient peut-être tout simplement des oranges.

Parce qu'il était homme, le Centaure Nessos proposa à Héraclès de faire passer un fleuve à Déjanire, l'épouse du héros. Mais parce qu'il était animal aussi, il tenta de l'enlever. Héraclès le tua d'une flèche.

▽

△
Le mythe du Centaure, mi-homme mi-cheval, est resté vigoureux au long des siècles. Ce bijou en or émaillé date du XVIe siècle.

△
Après avoir revêtu la tunique trempée dans le sang de Nessos, Héraclès devint fou de douleur. Pour échapper à la souffrance, il se jeta dans un gigantesque bûcher et se fit brûler vif.

puissances de l'Hadès, il ramenait Alceste à son mari pour se faire pardonner !

On comprend ainsi qu'Héraclès n'était pas seulement un tueur de monstres, un héros se contentant de jouer de sa force, mais aussi un homme, avec ses défauts et ses qualités !

Un homme qui épousa également plusieurs femmes au cours de sa vie et qui n'eut pas moins de soixante-dix enfants.

La vengeance du Centaure Nessos

C'est d'ailleurs une femme, la jolie Déjanire, qui fut cause de la mort d'Héraclès.

Ils venaient de s'épouser et le héros la ramenait chez lui. Ils arrivèrent à un fleuve : mais ils ne trouvèrent pas de pont. Un Centaure, nommé Nessos, offrit de leur faire passer la rivière sur son dos. Mais quand Nessos eut transporté Déjanire de l'autre côté, il lui vint l'idée de l'enlever. Il partit au grand galop tandis que la malheureuse criait au secours. Héraclès banda son arc, visa soigneusement, décocha une flèche... et le Centaure roula à terre, transpercé de part en part.

Mais avant de mourir, le Centaure se vengea :

— Prends un peu de mon sang, dit-il à Déjanire. Si un jour ton mari devient amoureux d'une autre femme, trempe une tunique dans ce sang et donne-la lui. Il te reviendra tout de suite.

Déjanire le crut. Et elle eut bientôt l'occasion de s'en servir.

A peine Héraclès eut-il endossé la tunique qu'il poussa des cris de douleur : le sang empoisonné du Centaure le brûlait. Et plus il s'efforçait de l'enlever, plus il souffrait ; il s'arrachait la chair en tirant sur le tissu !

N'en pouvant plus, il préféra mourir. Il entassa en hâte un énorme bûcher au sommet d'une montagne, l'Oeta, et demanda à son ami Philoctète d'y mettre le feu.

Ainsi mourut le héros le plus célèbre de la Grèce. Mais Zeus accueillit son fils dans l'Olympe, lui conférant ainsi l'immortalité, et lui donna pour compagne la déesse de la Jeunesse, Hébé, sa propre fille. Héra y consentit : elle lui pardonnait enfin.

Quant à Déjanire, on dit qu'elle mit fin à ses jours tant elle était désespérée.

THÉSÉE, LE HÉROS D'ATHÈNES

Il croyait davantage à la force de son épée qu'à celle des serments...

Le matin qui suivit leur mariage, le roi d'Athènes Égée quitta sa jeune femme pour toujours. Il la laissait chez son père, le roi de Trézène, selon l'habitude du temps.

— Nous aurons un fils, lui dit-il en la quittant, tu me l'enverras quand il sera grand et fort pour qu'il vive avec moi.

— Et comment sauras-tu qui il est ? demanda Ethra, son épouse.

— Regarde, dit le roi, je mets mon épée et mes sandales sous ce gros rocher. Quand notre fils sera assez fort pour soulever le rocher, il les prendra. Ainsi, tu sauras qu'il est temps qu'il parte, et moi, je pourrai le reconnaître.

Ethra eut effectivement un fils, Thésée, qu'elle éleva tendrement.

△
Le taureau était le symbole de la Crète. Cette grande île méditerranéenne connut une brillante civilisation il y a quelque quatre mille ans. Elle domina le monde de son temps.

La route d'Athènes

Thésée grandissait rapidement. Il était de loin le plus fort des tous ses petits camarades, et de temps en temps, sa mère le menait sur la plage et lui demandait d'essayer de soulever le rocher. L'enfant n'y arrivait pas, naturellement. Un jour enfin, il y réussit, sans effort apparent. Ethra sentit son cœur se serrer : le temps était venu de se séparer de son fils.

Thésée apprit avec enthousiasme l'histoire de sa naissance, examinant curieusement l'épée et les sandales de son père.

Puis sans attendre, il partit pour Athènes.

La route était longue, mais peu importait au solide jeune homme. En revanche, elle comportait un bon nombre de dangers, à cause des bandits qui attaquaient les voyageurs. Étranges personnages, d'ailleurs, que ces brigands ; ils ne se contentaient pas de dévaliser les passants, ils avaient des manières tout à fait pittoresques de les faire mourir. L'un d'eux, par exemple, martelait à coups de massue le crâne de ses victimes. Thésée lui martela le crâne à son tour. Mais ce n'était rien encore.

Un autre, déjà moins aimable, déchirait en deux les voyageurs : il courbait vers le sol deux arbres qu'il fixait par des cordes, puis il attachait le voyageur à un arbre par chaque pied. Ensuite, il tranchait les cordes. Les arbres se redressaient

△
D'innombrables brigands infestaient la route qui conduisit Thésée à Athènes. Sinis attachait ses victimes à des arbres courbés, qui les déchiraient en se détendant brusquement. Thésée le tua.

Sur cette coupe, le brigand Sinis tente de s'échapper. Mais Thésée le tient fermement par le bras. De son autre main, il ramène déjà vers lui la branche auquel il va l'attacher. Sinis périra comme il faisait mourir ses victimes !
▽

alors comme des ressorts, écartelant le malheureux. Thésée laissa derrière lui les deux tronçons du voleur se balançant à deux arbres.

Le plus singulier de tous, un nommé Sciros, forçait les gens à lui laver les pieds avant de les pousser du haut d'une falaise. Ils s'écrasaient sur la plage où une énorme tortue les dévorait. Thésée, enchanté de ses premiers exploits et rêvant d'égaler son cousin Héraclès, envoya Sciros nourrir lui-même sa tortue et poursuivit gaiement son chemin.

A Éleusis, nouveau bandit, un champion de boxe, cette fois. Thésée l'assomma, naturellement. Mais comme le défunt était aussi le roi du pays, Thésée devint roi d'Éleusis. Il n'en continua pas moins son voyage, et tomba sur l'étonnant brigand Procuste. Celui-ci était un mécanicien sanguinaire : il avait inventé un lit de fer qui n'était à la taille de personne. Il y faisait étendre ses victimes.

— Vous avez les jambes qui dépassent, remarquait-il, je vais arranger cela.

Et il coupait les jambes du voyageur à la bonne mesure ! Si au contraire, le patient était trop petit, un ingénieux mécanisme étirait le malheureux jusqu'aux dimensions requises.

Le nouveau roi d'Éleusis ne fit qu'une bouchée de ce désagréable personnage, qu'il laissa aux dimensions exactes de son propre lit.

Bref, lorsqu'il arriva à Athènes, Thésée était auréolé d'une formidable réputation et les routes étaient tranquilles. Thésée avait tout pour faire un héros pacificateur.

Le vieux roi Égée et les prétendants

A Athènes, la situation politique était confuse. Le vieux roi Égée n'avait pas d'héritier direct. Sa femme, Médée, la sorcière, l'ancienne amie de Jason, avait elle-même un fils qu'elle espérait bien voir monter sur le trône à la mort de son mari. Par ailleurs, les cinquante fils de Pallas, le demi-frère du roi, complotaient pour s'emparer du pouvoir. Les choses n'étaient donc pas très simples, mais l'arrivée de Thésée allait encore les compliquer.

Médée la magicienne fut la première à reconnaître le jeune homme : elle prit peur et décida de

La légende du Minotaure

Que signifie au juste la légende du Minotaure ? Il faut tout d'abord savoir qu'au deuxième millénaire av. J.-C., la Crète possédait une religion qui honorait notamment le taureau : cet animal était l'emblème de l'île. Il n'est donc pas étonnant que les Athéniens, qui furent réellement soumis par les Crétois à une date historique mal connue, aient transformé dans leurs légendes le tribut que leur imposaient leurs vainqueurs en ce symbole de quatorze jeunes gens livrés au monstre à tête de taureau. Thésée représente sans doute le héros athénien qui mit fin à cette suzeraineté humiliante.

△
Le palais de Cnossos, en Crète, était construit selon un plan très compliqué. Les Grecs en tirèrent la légende du « labyrinthe ». Vous en découvrez ici un détail « restauré », avec des cornes de taureau stylisées.

◁◁ *Le combat acharné de Thésée, le héros d'Athènes, contre le Minotaure, dans le labyrinthe construit par Dédale.*

l'empoisonner. Égée l'en empêcha juste à temps : en voyant l'épée que portait le garçon et avec laquelle il découpait sa viande à table, il reconnut son fils. Médée dut s'enfuir et cette fois on n'entendit plus jamais parler d'elle.

Thésée fut désigné par son vieux père, enchanté, comme héritier du trône.

Cette décision ne faisait évidemment pas l'affaire des fils de Pallas qui se révoltèrent. Thésée noya la rébellion dans le sang.

Le Minotaure

Bientôt arriva la période de l'année la plus triste pour Athènes. En effet, longtemps auparavant, la ville avait été vaincue par le roi de Crète, Minos. Depuis lors, les Athéniens devaient lui envoyer tous les ans sept jeunes gens et sept jeunes filles. Qu'en faisait le roi de Crète?

Il les donnait à dévorer au Minotaure.

Il s'agissait d'un effroyable monstre, fils de la reine de Crète, Pasiphaé. Il avait le corps d'un homme et la tête d'un taureau. Cette brute féroce, Minos n'osait pas la faire tuer, mais il l'avait enfermée dans une extraordinaire construction dessinée par un célèbre architecte : Dédale. Celui-ci avait imaginé un enchevêtrement prodigieux de couloirs et de murs courbes dont il était impossible de sortir ; Minos y faisait jeter les jeunes Athéniens : le Minotaure finissait toujours par les trouver et les dévorait.

L'aventure impossible

Le temps était donc revenu pour Athènes de désigner les jeunes gens livrés en tribut au monstre. Égée voulait épargner son fils du tirage au sort, mais Thésée déclara que de toute façon, il serait du nombre des partants et qu'il tuerait l'animal.

Le roi, désolé, fit promettre à son fils que si par un bonheur inouï, il parvenait effectivement à tuer le Minotaure et à revenir vivant, il l'avertirait de loin en changeant la voile noire du navire pour une voile blanche. Thésée promit, embrassa son vieux père, fit un sacrifice à Aphrodite, et le navire appareilla, lugubre, avec sa voile noire et ses quinze jeunes gens.

Le fil d'Ariane

Arrivés en Crète, les Athéniens furent reçus comme des victimes promises à un sacrifice, c'est-à-dire avec respect. Toute la cour du roi était là et, dans le nombre, naturellement, sa fille, Ariane. Dès qu'elle vit Thésée, elle fut éblouie : « Celui-ci ne doit pas mourir, pensa-t-elle, et je l'aiderai ! »

Le soir, elle se glissa chez Thésée — on ne devait livrer les malheureux au Minotaure qu'au matin — et elle lui donna secrètement... une pelote de fil.

— Attache le fil à la porte et dévide-le en marchant, cela te permettra de retrouver la sortie. Prends aussi cette épée.

— Allons-y ! dit Thésée en se levant.

Ariane le vit avec inquiétude s'enfoncer dans le labyrinthe, dévidant le fil derrière lui. Un long, très long moment passa. Puis elle sentit que le fil frémissait ; quelqu'un le rembobinait à l'intérieur du labyrinthe.

Et Thésée sortit en souriant du terrible bâtiment, pelotant son fil et tenant à la main son épée rouge de sang. Ariane l'accueillit avec des transports de joie.

△
Le labyrinthe, construction dont on ne peut sortir une fois qu'on y est entré, fascine depuis toujours les artistes. Ici, Thésée devient un chevalier de la Renaissance. Quant au Minotaure, il a un buste d'homme sur un corps de taureau !

Une belle ingratitude

Il fallait fuir au plus vite. Les Athéniens, tout étourdis de ce bonheur inespéré, crevèrent la coque de tous les bateaux crétois qui se trouvaient sur la plage, poussèrent leur navire à la mer et s'embarquèrent à la hâte. Inutile de dire qu'Ariane venait avec eux. A l'aube, ils étaient loin derrière l'horizon.

Thésée assura cent fois à Ariane qu'il l'aimait — ce qui était faux — et qu'il lui devait tout — ce qui était vrai : elle lui avait sauvé la vie et avait trahi pour lui sa famille et sa patrie.

Cependant, au cours de la traversée, Thésée remarqua une des jeunes Athéniennes. Elle lui plaisait de plus en plus.

A tel point que dans l'île de Naxos, où l'on avait fait escale pour la nuit, Ariane se réveilla toute seule : Thésée l'avait tout simplement abandonnée sur une île déserte ! On imagine l'épouvantable chagrin de la pauvre fille.

△
Ariane, la fille du roi Minos, a trahi sa patrie et sa famille en aidant Thésée à vaincre le Minotaure. Elle s'embarque avec le héros... qui l'abandonnera à Naxos !

△
Du haut du cap Sounion, le vieux roi Égée se jeta à la mer. Plus tard, les Grecs y dressèrent un temple, dédié à Poséidon.

△
Le film de Terence Young, Les Amazones, *recrée l'univers de ces femmes guerrières qui refusaient la compagnie des hommes.*

Égée a longtemps scruté la mer. Et puis, à l'horizon, s'est levée la voile noire. Le vieux roi, croyant son fils Thésée mort, se jette du haut du rocher. ▷

Cependant, si vous avez lu l'histoire de Dionysos, vous savez comment, quelques jours plus tard, ce dieu la trouva à demi-morte de faim et de désespoir, la consola et l'épousa.

Comment on devient un grand roi

Pendant ce temps, Thésée voguait joyeusement vers Athènes où son vieux père, fou d'inquiétude, guettait anxieusement le retour du navire. Il s'était même rendu jusqu'au cap Sounion pour mieux scruter les flots. Mais quand le pauvre roi vit à l'horizon la voile noire, il crut que son fils bien-aimé était mort et se jeta à la mer. Elle porte encore son nom : on l'appelle la mer Égée.

On dit que Thésée avait oublié sa promesse de changer la voile du bateau : c'est bien possible. On dit également qu'il fut très attristé de la mort de son père. Espérons-le. Mais cela ne l'empêcha pas de monter très vite sur le trône d'Athènes, après les sacrifices de circonstance.

Il s'occupa aussitôt de réorganiser le royaume, avec d'ailleurs beaucoup d'intelligence.

De son règne, affirmait-on, datait la puissance d'Athènes, car il soumit les bourgades voisines et leur imposa sa domination. Quand son grand-père mourut, lui léguant le trône de Trézène, Thésée réunit ses deux possessions. Il y ajouta encore son royaume personnel d'Éleusis et grâce à lui le territoire d'Athènes s'agrandit considérablement.

Succès et revers

Thésée apprit bientôt qu'une expédition grecque se montait contre les Amazones, ce peuple de femmes guerrières.

Il sauta sur l'occasion et partit chercher des aventures.

Aventures qui se terminèrent assez mal. Le héros enleva en effet l'une des jeunes femmes pour en faire — provisoirement — son épouse. Ce geste déclencha tout simplement une invasion d'Amazones. Et cette fois, Thésée avait affaire à forte partie : elles n'étaient pas commodes, les Amazones ! Bientôt, elles assiégeaient Athènes.

Seule une sortie désespérée des Athéniens fit tourner la guerre en leur faveur ; les Amazones

△
Phèdre, la sœur d'Ariane, épousa Thésée en secondes noces. L'amour qu'elle éprouva pour le fils du héros, Hippolyte, fera naître l'un des plus sombres drames de la mythologie.

abandonnèrent la partie et s'en allèrent. Quant à celle qu'avait enlevée Thésée, elle était morte en mettant au monde un fils, Hippolyte.

Thésée se remaria dès qu'il put. Et avec qui ? Vous ne devinerez jamais ! Avec la sœur de la pauvre Ariane, Phèdre. Et, semble-t-il, sans éprouver aucun remords ! Mais nous avons déjà constaté que le héros ne s'embarrassait pas de scrupules. Il s'intéressait plutôt aux aventures qu'il courait avec son grand ami Pirithoos.

Pirithoos, l'ami de toutes les aventures

Pirithoos était un amusant camarade, fort comme un bœuf, toujours prêt aux aventures, et qui régnait sur les Lapithes, un peuple de Thessalie, dans le nord de la Grèce. Le jour où il entendit parler de Thésée, il voulut faire sa connaissance. Et pour cela, il utilisa le singulier moyen de dérober au roi d'Athènes un immense troupeau de vaches. Furieux, celui-ci se précipita à la poursuite du voleur et le trouva sur la route, hilare et les mains tendues. Les deux hommes furent bientôt inséparables.

Pirithoos se maria. Il invita Thésée, bien entendu. Mais il convia également un peuple voisin, celui des Centaures, ces êtres mi-humains mi-chevaux. Or le festin tourna mal : les Centaures ne buvaient habituellement que du lait et ce soir-là, ils apprécièrent fort le vin. Ivres morts, ils voulurent enlever la mariée et les femmes des Lapithes, les sujets de Pirithoos. On massacra les Centaures et Thésée seconda efficacement son ami. Ils connurent encore de nombreuses aventures.

Les années passaient. Bientôt, les fils de Pallas se révoltèrent de nouveau à Athènes. Cette fois, Thésée régla définitivement le problème : il massacra ses cousins. Mais là, il avait commis un vrai crime aux yeux des Grecs. Il dut s'exiler.

△
Pirithoos, roi des Lapithes, était un homme peu recommandable, mais très hardi. Il devint l'ami inséparable de Thésée, après lui avoir pourtant volé ses bœufs. Ils eurent de nombreuses aventures.

Phèdre et Hippolyte

Thésée quitta donc Athènes et se réfugia avec Phèdre à Trézène en attendant de se faire purifier. Trézène était en effet pour lui le refuge le

plus simple : le royaume lui appartenait et le gouverneur en était Hippolyte, le fils que le héros avait eu avec l'Amazone. L'enfant était maintenant un splendide garçon aux larges épaules, chasseur décidé, et plutôt timide.

La malchance voulut que Phèdre en devint amoureuse. Hippolyte la repoussa avec indignation et, pour se venger, la jeune femme l'accusa auprès de Thésée. Celui-ci, sans réfléchir, maudit aussitôt son fils, priant Poséidon de le faire mourir. Or ce dieu avait une dette envers le héros et il dut s'exécuter : il envoya un monstre marin. Les chevaux d'Hippolyte, épouvantés à sa vue, s'emballèrent et s'écroulèrent sur le jeune homme qui mourut écrasé.

Quand Thésée apprit la vérité, il était trop tard. Phèdre, découverte, se suicida.

△
Hippolyte était le fils de Thésée et de l'Amazone Antiope. Pour son malheur, Phèdre, sa belle-mère, devint amoureuse de lui. Mais Hippolyte ne répondit pas à son amour. Furieuse, Phèdre le calomnia auprès de son mari et Thésée appela sur son fils la malédiction divine... Épouvantés par un monstre marin envoyé par Poséidon, les chevaux du jeune homme s'emballèrent. Ils renversèrent son char et lui passèrent sur le corps. Thésée découvrit trop tard que Phèdre l'avait trompé. On voit ainsi comment les dieux eux-mêmes sont liés par leurs promesses et leurs serments, même s'ils doivent se prêter à des injustices et commettre l'irréparable.

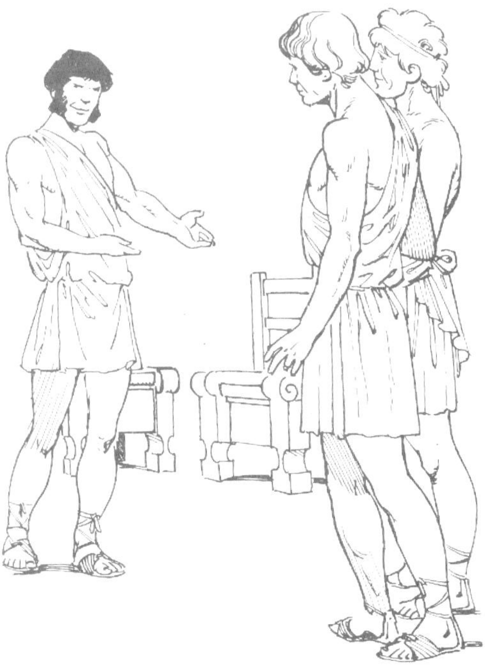

△
Devenus veufs, Thésée et Pirithoos songèrent à se remarier. Pirithoos choisit Perséphone elle-même ! Et voilà les deux amis partis pour une folle équipée aux Enfers ! Hadès les fit asseoir sur des « sièges d'oubli ».

△
Parce que Pirithoos convoitait Perséphone, l'épouse d'Hadès, il descendit aux Enfers. accompagné bien sûr par l'inséparable ami, Thésée. Charon, le nautonnier, fit passer aux deux hommes le Styx, le fleuve qui entoure les Enfers. Il est ici représenté par Gustave Doré.

La fin de Pirithoos

Peu après, Pirithoos devint veuf à son tour. Les deux camarades décidèrent de se remarier. Mais cette fois, ils n'épouseraient plus que des filles de Zeus en personne ! Thésée choisit Hélène de Sparte et les deux amis l'enlevèrent, bien qu'elle n'eût que douze ans (vous lirez cette histoire dans la Guerre de Troie). Quant à Pirithoos, qui ne doutait jamais de rien, il voulut tout simplement... Perséphone. Oui ! L'épouse d'Hadès !

Les deux amis, solidement équipés, descendirent aux Enfers. Hadès les reçut plus aimablement qu'on aurait pu le croire. Il avait même l'air de s'amuser un peu. A peine les voyageurs furent-ils assis que leur regard devint fixe et que leurs membres s'immobilisèrent : Hadès les avait fait asseoir sur « des sièges d'oubli ».

Ils restèrent là de longues années, jusqu'à ce que le cousin Héraclès vînt lui aussi dans l'Hadès pour affaires personnelles. Voyant Thésée, il le délivra en l'emportant à bras-le-corps.

Mais le prisonnier tenait bien au siège et il y laissa un grand morceau de chair. C'est pourquoi, à Athènes, on disait que les descendants de Thésée se reconnaissaient à... leur très petit postérieur.

Quant à Pirithoos, Héraclès tenta bien de l'aider, lui aussi, mais quand il mit la main sur lui, il se produisit un grondement souterrain si effrayant que le héros renonça : Pirithoos est toujours sur son siège d'oubli et il y restera jusqu'à la fin des temps.

Le crépuscule d'un héros

Thésée revint à Athènes, mais les choses y avaient bien changé. Castor et Pollux, pendant sa longue absence, avaient pris la ville et délivré leur sœur Hélène. Les fils de Thésée étaient en exil. Il se rendit à l'évidence : son temps était passé.

Il partit de lui-même pour l'île de Scyros, où il possédait un domaine. Mais il avait trop souvent montré sa ruse et son ingratitude. Le roi de l'île craignit qu'il ne lui prît le pouvoir, comme il l'avait fait ailleurs, et le poussa du haut d'une falaise. Et Thésée n'eut jamais de tombe.

DÉDALE, L'INVENTEUR

Il inventa la colle,
le fil à plomb,
la vrille, le labyrinthe,
l'eau courante...
et le deltaplane !

△
Dédale était retenu prisonnier par le roi Minos, dans le labyrinthe qu'il avait construit lui-même. Il imagina de s'échapper par la voie des airs. Après avoir fabriqué des ailes, pour lui et son fils Icare, il s'envola avec lui pour la Grèce. Un bien long trajet pour des débutants...

Vous connaissez déjà Dédale, le constructeur du Labyrinthe. A l'origine, ce merveilleux architecte vivait à Athènes. Il était d'une telle habileté que ses statues semblaient vivantes ! Mais il n'avait pas seulement un grand talent de sculpteur. Il savait inventer les outils et faire ainsi progresser rapidement la technique. C'est lui, par exemple, qui imagina le fil à plomb, la vrille, et même... la colle ! Les Grecs l'admiraient beaucoup.

Son neveu Perdix travaillait avec lui. Il possédait une telle intelligence que Dédale commença à en être jaloux. Et lorsque l'enfant trouva dans le sable une mâchoire de poisson et eut l'idée d'inventer la scie, Dédale, furieux, le tua.

Le Labyrinthe

Ce meurtre l'obligea à s'enfuir en Grèce. Là, il entra au service du roi Minos qui lui confia de nombreux travaux.

C'est ainsi que Dédale dut construire l'extraordinaire prison destinée à enfermer le Minotaure. Ce bâtiment, le Labyrinthe, était constitué d'innombrables couloirs en ligne courbe qui se recoupaient sans fin les uns les autres : une fois entré, on ne pouvait plus en retrouver la sortie. Dédale seul connaissait la solution et il l'indiqua à Ariane lorsqu'elle voulut sauver Thésée : c'était le peloton de fil, bien sûr. Le Labyrinthe fut tellement célèbre que l'on appelle encore aujourd'hui cette construction... un dédale !

Le roi Minos comprit très vite que Dédale avait aidé Ariane et Thésée à s'enfuir. Il le punit en le jetant lui-même dans le Labyrinthe avec son fils Icare, un enfant que Dédale avait eu d'une femme crétoise. Et cette fois, il fit garder la porte !

La chute d'Icare

Dédale ne se tint pas pour battu. Il commença par étudier longuement le vol des oiseaux. Puis, avec Icare, il ramassa des plumes, et les fixa soigneusement, à l'aide de fil et de cire, sur des bâtis de bois léger. Et un beau matin, le père et le fils s'envolèrent, passèrent au-dessus des gardes ébahis et piquèrent en droite ligne sur la Grèce !

△
Le palais de Minos, à Cnossos, a été fouillé par Arthur Evans. L'archéologue anglais a en partie reconstitué ce bâtiment célèbre dont Dédale aurait été l'architecte.

△
Voler ! Un vieux rêve... Longtemps après Dédale, au XVIe siècle, Léonard de Vinci multiplie, lui aussi, les projets, imaginant déjà l'ancêtre des hélicoptères.

Icare s'est élevé trop près du Soleil. ▷
La chaleur a fait fondre la cire de ses ailes. Le jeune homme tombe vers la mer. Dédale, désespéré par la mort de son fils, atteindra seul la côte.

Hélas, Icare ne tint pas compte des recommandations de Dédale : « Ne vole ni trop haut ni trop bas. Trop bas, l'écume de la mer alourdira tes ailes ; trop haut, le soleil fera fondre la cire. »

Mais le jeune homme, enthousiasmé par cette expérience, monta beaucoup trop haut : le soleil ramollit la cire, les plumes s'éparpillèrent. Terrifié, Icare sentit qu'il perdait rapidement de la hauteur. Mais il eut beau agiter les bras, rien ne put ralentir sa chute. Le jeune homme tomba dans la mer et se noya.

Un curieux casse-tête

Dédale atterrit seul en Sicile ; il était désespéré. Tout ce qu'il inventait pouvait produire à la fois le bien et le mal.

Il se mit néanmoins au service du roi du pays, un nommé Cocalos. Il fabriqua pour lui des barrages sur les rivières, pour limiter les inondations, construisit une citadelle imprenable et inventa des bains chauffés grâce aux eaux naturellement chaudes des sources volcaniques.

Minos, cependant, poursuivit Dédale de sa haine. Ne sachant où le retrouver, le roi de Crète eut l'idée de proposer un concours : « Qui se montrera capable de faire passer un fil à travers une coquille d'escargot, en commençant par la pointe et en le faisant ressortir par l'autre extrémité ? »

Tous les rois de la Grèce se penchèrent aussitôt sur cet amusant casse-tête. Cocalos soumit le problème à Dédale qui trouva bientôt la solution : il attacha un fil très mince au corps d'une fourmi et la laissa tomber dans un trou percé au sommet d'un escargot. La fourmi entraîna le fil, qui traversa ainsi tout l'escargot !

Minos comprit aussitôt que Dédale était derrière ce tour de force et sut ainsi qu'il était en Sicile. Il alla le réclamer au roi Cocalos. Mais cette fois, les filles du roi de Sicile aidèrent l'inventeur : sous prétexte de faire prendre à Minos un bon bain chaud, elles l'ébouillantèrent dans les thermes construits par Dédale. Le roi en mourut. L'inventeur fut donc débarrassé du tyran, prouvant ainsi que la science peut donner tout à la fois la vie ou la mort.

ORPHÉE ET EURYDICE AUX ENFERS

Orphée aimait Eurydice,
au-delà de tout,
au-delà de la mort...

Orphée passait pour le plus grand musicien de la Grèce. Cela n'a rien d'étonnant, car il était le fils d'une Muse, Calliope, et l'élève d'Apollon en personne.

Vous avez sans doute vu, dans l'histoire de Jason, la part importante qu'Orphée prit à l'expédition des Argonautes : c'est lui qui endormit avec sa lyre le serpent-dragon qui veillait sur la Toison d'or !

A son retour de Colchide, Orphée se maria. Il épousa une Nymphe merveilleusement jolie, appelée Eurycide. Il l'aimait à la folie.

Hélas ! Un jour, elle fut mordue par un serpent et mourut. Orphée fut réellement inconsolable. Il résolut de retrouver la jeune femme coûte que coûte, dût-il pour cela la chercher chez les morts.

△
Tantôt fils, tantôt élève du Dieu Apollon, Orphée apparaît comme le plus grand musicien de la mythologie. Il joue de la lyre, l'instrument de la musique savante pour les Grecs. Sur ce tableau de Nicolas Poussin, Orphée joue pour Eurydice.

La descente aux Enfers

Et il y alla ! Il descendit aux Enfers avec sa lyre. Subjugué par sa musique, le vieux Charon lui fit traverser le Styx, et Cerbère, charmé, oublia de mordre.

Arrivé devant Hadès et Perséphone, Orphée sut plaider sa cause avec tant de chaleur, tout en jouant des airs si merveilleux, que pour une fois, le dieu hésita. Perséphone, pour sa part, était toute prête à rendre Eurydice à son mari.

— Écoute, dit finalement Hadès, je vais exaucer ton vœu, à une condition. En quittant les Enfers, tu marcheras devant ta femme et tu suivras sans rien dire. Ta musique lui montrera le chemin. Mais prends garde, Orphée ! Si jamais tu as le malheur de te retourner une seule fois sur le chemin pour t'assurer qu'elle est bien là, elle sera perdue pour toi. Et cette fois pour toujours !

Orphée accepta avec joie et se mit fermement en marche, jouant de la lyre et les yeux fixés droit devant lui. Cependant, il était de plus en plus inquiet : il avait bien l'impression d'être seul à remonter vers la lumière. Il n'entendait rien d'autre que le bruit de ses pas et les sons de son instrument. Hadès l'avait-il trompé ? Dix fois, il fut tenté de regarder si Eurydice le suivait ou non, dix fois il maîtrisa ce mouvement et continua bravement d'avancer. A la fin, fou d'inquiétude, il n'y tint plus et se retourna brusquement.

Et dans un cri d'adieu déchirant, Eurydice s'éloigna comme une ombre, repartant chez les morts auxquels son mari l'avait arrachée.

Dès lors, Orphée vécut seul, évitant de rencontrer les hommes et plus encore les femmes.

Ce dédain causa sa mort : les Bacchantes qui suivaient Dionysos furent tellement offensées de voir qu'il préférait la solitude à leur compagnie qu'elles le tuèrent sauvagement !

Le musicien et les dauphins

Orphée n'est pas le seul musicien de la mythologie. Il y avait aussi Linos, son frère, Amphion et Arion. Ce dernier fut un jour jeté à la mer par des pirates. Charmés par sa musique, des dauphins le portèrent jusqu'au rivage sur leur dos.

△
La belle Eurydice fut mordue par un serpent le jour de son mariage avec le musicien Orphée. Celui-ci n'hésita pas à descendre en personne aux Enfers. Il supplia Hadès et Perséphone de lui rendre sa jeune femme. Émus, les dieux y consentirent.
▽

BELLÉROPHON ET LE CHEVAL PÉGASE

Où l'histoire réunit un merveilleux cheval et l'horrible Chimère.

△
Sans l'aide divine, jamais Bellérophon n'aurait pu domestiquer le fougueux Pégase. Mais l'homme et la bête allaient devenir d'infatigables compagnons.

Le plus beau cheval du monde s'appelait Pégase. C'était une bête magnifique, terriblement sauvage et qui, en plus de jambes, possédait des ailes. Lorsqu'il ne galopait pas sur la terre, il planait dans le ciel. Et de tous ceux qui désiraient ardemment apprivoiser l'animal, le plus passionné était sans aucun doute le jeune chasseur Bellérophon, le fils du roi de Corinthe. Il en rêvait la nuit !

La bride d'or

Un soir, il s'endormit dans le temple d'Athéna. Il rêva de Pégase, bien sûr, mais il rêva aussi que la déesse elle-même lui donnait une bride d'or pour dompter le cheval. Bellérophon se réveilla en sursaut, tant le songe lui avait semblé réel : en tout cas, une superbe bride d'or se trouvait bel et bien à côté de lui, sur le dallage.

Le devin du temple n'hésita pas. Il s'agissait, à n'en pas douter, d'un présent de la déesse.

— Va à la source de Piréné ! conseilla-t-il à Bellérophon.

Le garçon partit en courant, le cœur débordant d'allégresse. Là, devant la source, le héros trouva le cheval Pégase qui broutait tranquillement. Et à la vue de la bride merveilleuse, voilà que le splendide animal hennit de plaisir !

Un quart d'heure plus tard, Pégase et Bellérophon, l'un chevauchant l'autre, bondissaient dans le ciel, à l'étonnement et l'admiration de tous ceux qui étaient là.

De malheur en malheur

Quelque temps plus tard, se produisit un grave accident. Bellérophon eut le malheur de tuer son frère. Ce meurtre était absolument involontaire, mais le jeune homme dut néanmoins s'exiler. Le roi d'Argos l'accueillit chez lui et le purifia. Et Bellérophon resta à Argos.

Mais là, un nouvel ennui l'attendait. La femme du roi, en effet, tomba amoureuse de Bellérophon. Il fit semblant de ne s'apercevoir de rien. La reine en éprouva un tel dépit que, pour se venger, elle affirma à son mari que Bellérophon avait voulu la séduire.

C'est une accusation qui réussit toujours, dans la mythologie. Le roi d'Argos ne dit rien. Il ne pouvait pas tuer Bellérophon, parce qu'il était son hôte, mais il l'expédia, porteur d'un message cacheté, chez son beau-père, le roi Iobatès.

Celui-ci fit très bon accueil au nouvel arrivant, l'invita à passer quelque temps chez lui et mit le message de côté, pour le lire à tête reposée.

A l'assaut de la Chimère

Une dizaine de jours plus tard, le roi se souvint tout à coup du message et l'ouvrit. Catastrophe ! Le roi d'Argos lui demandait de mettre à mort le jeune homme dès son arrivée. Et Iobatès ne le

La plupart des héros, de Héraclès à Thésée et de Cadmos à Jason, combattent des bêtes féroces ou des monstres, avant d'être réellement reconnus comme héros. De la même façon, Bellérophon osera affronter la Chimère, monstre composite dont l'origine est mal connue. Il s'agit en fait pour les Anciens d'une épreuve : le jeune homme doit vaincre une bête sauvage pour montrer qu'il est adulte. C'est, en quelque sorte, une chasse d'initiation...
▽

Cadmos

Héros un peu à part dans la mythologie classique, Cadmos est d'origine phénicienne. Il part en effet de Sidon, à la recherche de sa sœur Europe, enlevée par Zeus déguisé en taureau blanc.
Les aventures de Cadmos ressemblent un peu à celles de Jason. Lui aussi doit semer des dents de dragon et combattre les guerriers qui sortent de terre. Mais surtout, il est, d'après les Grecs, l'inventeur de l'écriture. Or il est vrai que l'alphabet, inventé en Phénicie, fut introduit en Grèce par les marins et les commerçants de ce pays. Enfin, Cadmos fonda une cité, la Cadmée, qui devait devenir célèbre sous le nom de Thèbes.

△
Monté sur Pégase, Bellérophon attaque la Chimère. Selon certaines légendes, le bout de sa lance portait un morceau de plomb. L'haleine embrasée de la Chimère, en faisant fondre le plomb, aurait fait couler dans sa gueule un torrent de métal fondu.

pouvait plus, puisqu'il était maintenant lui aussi l'hôte de Bellérophon.

Il pensa trouver une solution en envoyant le héros combattre un monstre qui ravageait la campagne : l'horrible Chimère. Celle-ci avait des pattes d'aigle, au nombre de quatre, une tête de lion qui crachait des flammes, une queue qui se terminait en gueule de serpent, et une monstrueuse tête de chèvre qui poussait au milieu de son dos.

Iobatès souhaita bon courage à Bellérophon, mais en lui-même, il espérait bien ne jamais le revoir. Quelle ne fut pas sa surprise — et son admiration — lorsque, quelques jours plus tard, le jeune homme reparut vainqueur ! En chevauchant Pégase, Bellérophon avait pu fondre sur la Chimère et la cribler de flèches, mettant ainsi un terme à la carrière du monstre.

Iobatès ne se découragea pas. Il demanda au héros d'aller là où l'on envoyait généralement ses semblables quand on voulait s'en débarrasser : chez les Amazones, les terribles guerrières.

Peine perdue, Bellérophon revint vainqueur. La reine des Amazones était même tombée amoureuse de lui.

L'orgueil de Bellérophon

La mort dans l'âme, Iobatès se décida à tendre au jeune homme une solide embuscade composée de ses propres soldats. Le lendemain matin, une compagnie entière d'infanterie manquait à l'appel et Bellérophon, un peu mécontent, se présentait devant Iobatès !

Cette fois, le bon roi s'avoua vaincu et raconta toute l'histoire à son hôte. Il lui offrit sa fille en mariage et la moitié de son royaume.

Pourtant, le reste de la vie de Bellérophon ne fut pas heureux. Plusieurs de ses enfants moururent. Quant à lui, il eut un jour l'idée orgueilleuse d'atteindre l'Olympe, monté sur Pégase. C'était un cas typique d' « hubris », cet orgueil démesuré qui déplaisait tant aux Grecs. Irrité, Zeus envoya un taon qui piqua le beau cheval. Celui-ci se cabra et Bellérophon, désarçonné, tomba lourdement sur le sol du haut du ciel. Il en resta estropié pour le reste de ses jours.

Mais on ignore ce que devint Pégase.

ZÉTHOS ET AMPHION, LE GUERRIER ET LE MUSICIEN

La force de la musique est-elle supérieure à celle des armes ?

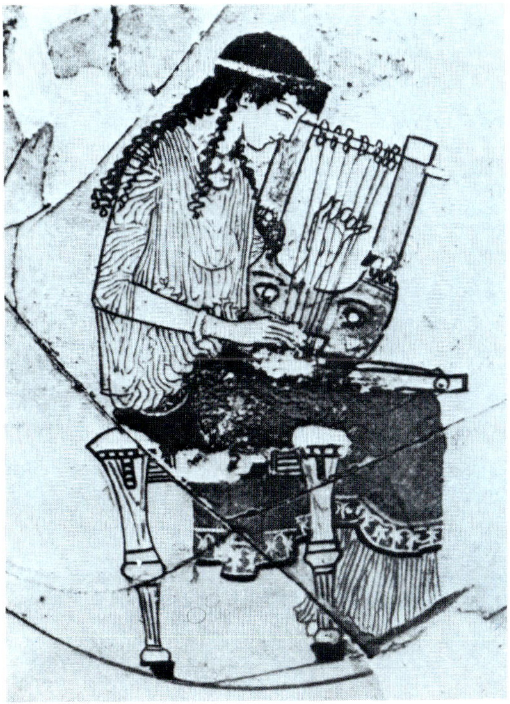

△
La lyre représente pour les Grecs l'instrument de musique par excellence, l'instrument noble, celui d'Apollon. Inventée, dit-on, par le dieu Hermès, elle possède souvent sept cordes, chiffre magique.

Le roi Nyctée régnait sur la Cadmée, la forteresse jadis fondée par le héros Cadmos. Sa fille Antiope aimait Zeus en secret, et Zeus le lui rendait bien. Et lorsque Antiope ne put plus cacher à son père qu'elle était enceinte, elle s'enfuit dans la ville de Sicyone.

Nyctée n'avait pas bon caractère. Il rassembla immédiatement son armée et s'en fut chercher sa fille désobéissante pour la ramener à la maison.

Mais, pendant ce temps, le roi de Sicyone, Épopée, avait pris Antiope pour femme et il refusait tout net de la rendre. Il lança même ses troupes, qui écrasèrent celles de Nyctée. Celui-ci fut blessé mortellement dans la bataille, mais en rendant le dernier soupir, il fit promettre à son frère Lycos de le venger. Celui-ci jura.

Esclave dans la maison de son père...

Lycos rassembla de nouveaux soldats et attaqua à son tour Sicyone. Cette fois, le pauvre roi Épopée, complètement défait, y perdit la vie. Antiope fut ramenée sous bonne garde. Durant le voyage de retour, elle accoucha de deux garçons jumeaux. C'étaient les fils de Zeus, mais Lycos ne s'en soucia pas : il abandonna sans façon les nouveau-nés dans la campagne. De retour à la Cadmée, il livra Antiope à sa femme, une sinistre créature appelée Dircé, qui l'accueillit avec un ricanement et entreprit à l'instant même de la tourmenter.

Antiope vécut ainsi plusieurs années terribles, terrorisée par la menace que Dircé agitait sans cesse de « la faire lier sur les cornes d'un taureau sauvage ».

Cependant, les deux fils d'Antiope avaient survécu. Un berger les avait recueillis et les éleva comme ses propres enfants. Ils devinrent de robustes jeunes gens, mais de caractère étrangement différent pour des jumeaux. L'un, Zéthos, ne rêvait que faits d'armes, pillages, plaies et bosses, et s'exerçait aux arts de la guerre. L'autre, Amphion, ne s'intéressait qu'à la musique. Il avait une vénération particulière pour Apollon et lui élevait de petits autels.

Touché, le dieu lui fit cadeau d'une lyre dont le garçon se mit à jouer avec passion et, disons-le,

△
La terrible Dircé connut un affreux supplice. Elle l'avait imaginé pour la pauvre Antiope. Mais ce fut elle qui fut attachée aux cornes d'un taureau furieux.

La musique peut avoir des accents ▷ magiques. En jouant de sa lyre, Amphion met en mouvement les pierres. Elles viennent se placer d'elles-mêmes pour constituer les remparts de Thèbes.

avec talent. Un talent si réel, même, qu'il confina bientôt au génie : le musicien s'était en effet perfectionné dans son art chez les Lydiens, sujets du roi Tantale, dont il épousa la fille Niobé.

Et lorsque Amphion eut l'idée de rajouter trois nouvelles cordes aux quatre que possédait déjà la lyre, il surpassa tous les maîtres connus. On venait l'entendre de partout et il charmait jusqu'aux animaux.

Pendant ce temps, son frère Zéthos devenait un capitaine renommé.

L'évasion d'Antiope

Un jour, Antiope réussit à s'évader de chez l'horrible Dircé et s'enfuit à l'aventure. Elle erra tout naturellement dans la région où, jadis, son oncle avait abandonné ses deux enfants. Et bientôt, elle rencontra le berger qui les avait recueillis. Elle apprit ainsi que non seulement ils vivaient, mais encore qu'ils étaient célèbres.

Elle les revit très vite, avec quelle joie !

Les jumeaux, abasourdis mais enchantés de retrouver leur mère, pâlirent d'indignation en apprenant la façon dont elle avait été traitée. Sans hésiter, ils rassemblèrent une armée et marchèrent contre la Cadmée.

Avec un capitaine comme Zéthos, l'affaire ne traîna pas : l'armée ennemie fut battue à plates coutures et Lycos lui-même fut pris et égorgé. Quant à l'infâme Dircé, elle subit le supplice dont elle avait si souvent menacé Antiope : on l'attacha aux cornes d'un taureau sauvage et elle fut déchiquetée.

Cela fait, Zéthos et Amphion se proclamèrent rois et régnèrent ensemble sur la Cadmée.

Les remparts de Thèbes

Cependant, les jumeaux s'avisèrent bientôt que la forteresse de Cadmos ne suffisait plus à protéger une ville qui s'était considérablement agrandie de faubourgs, et se trouvait maintenant très mal défendue. Ils décidèrent de construire de solides remparts.

C'était évidemment une tâche considérable. Et tout en travaillant, le robuste Zéthos se moquait

△
Pour les Grecs, bien plus que pour les Romains, le poète est un créateur. Le mot, d'ailleurs, signifie « celui qui fait ». Mais le poète ne peut « faire » qu'avec le concours des dieux, et notamment des Muses, que nous retrouvons dans notre mot musique. Les Muses, en tant que filles de Mnémosyne, donnent la mémoire. Il faut aussi que le poète soit envahi par les déesses, sens exact du terme « enthousiasme » : être envahi par un dieu. Voilà pourquoi les Grecs avaient plus de respect pour leurs aèdes ou leurs poètes que pour leurs prêtres, qui n'étaient que les serviteurs des dieux !

de son frère : Amphion était certes très brave au combat, mais il ne valait rien pour transporter les pierres. C'était un artiste !

Celui-ci, piqué au vif, s'assit sans répondre et tira sa lyre de son étui. Puis il joua un air si admirable que, de stupéfaction, les ouvriers restèrent le marteau en l'air. Le vent s'arrêta également pour écouter et les arbres cessèrent de bruire.

Bien mieux, au son de la merveilleuse musique, les pierres elles-mêmes s'approchèrent pour mieux entendre ! Et Amphion, souriant, se leva et marcha lentement vers les murailles en construction où, docilement, les pierres le suivirent, venant se placer d'elles-mêmes là où il les guidait. Et en un jour, Amphion acheva à lui tout seul les remparts.

Confondu d'admiration, son frère dut convenir qu'il avait trouvé meilleur maçon que lui. Ainsi furent construites les murailles de la puissante ville aux sept portes — une pour chaque corde de la lyre — à laquelle Zéthos donna le nom de sa femme Thébé : Thèbes !

Niobé et ses enfants

Les deux frères connurent pourtant une fin très malheureuse. La femme d'Amphion s'appelait Niobé, on s'en souvient. Elle était la fille de Tantale et elle n'échappa pas à la malédiction qui entoura toujours sa terrible famille, comme vous le découvrirez avec l'histoire des Atrides. Elle eut un jour l'étrange idée de se moquer de Léto qui n'avait eu qu'un fils et une fille, tandis qu'elle, Niobé, en avait eu quatorze, sept filles et sept garçons ! Cette vantardise ridicule, très courante dans la mythologie, se termine toujours de façon horrible. Les dieux sévirent à l'instant même. Apollon et Artémis, les enfants de Léto, bandèrent leur arc et, impitoyablement, criblèrent de flèches les quatorze enfants de Niobé. Celle-ci devint folle de douleur et s'enfuit en Lydie, tandis qu'Amphion, égaré de chagrin, attaquait le temple d'Apollon pour le détruire. Une dernière flèche décochée par le dieu envoya le père sacrilège mourir sur les cadavres de ses enfants innocents.

Quant à la femme de Zéthos, Thébé, elle tua accidentellement leur fils unique et le vieux guerrier en mourut de douleur !

OEDIPE ET SES ENFANTS

La malédiction des dieux poursuit un homme jusqu'à la mort...

△ Le sphinx est une invention égyptienne. Mais les Grecs l'ont adopté. Il s'agit d'un être au corps de lion, surmonté par un buste de femme. Parfois, comme sur cette sculpture grecque, le sphinx porte des ailes.

Vous avez vu comment Cadmos avait fondé une citadelle, la Cadmée, que Zéthos et Amphion avaient agrandie et fortifiée.

Thèbes était devenue une cité très puissante. Pourtant, la plupart des héros originaires de cette ville connurent des destins épouvantables. Leur vie n'est en effet qu'une succession de malheurs et de crimes si effrayants qu'on les cite encore en exemple aujourd'hui.

Mais avant de les découvrir, il faut bien comprendre que, pour les Grecs, ces légendes terribles étaient l'exemple même de ce qu'il faut éviter. Elles racontent toutes l'histoire de personnages maudits, à cause d'un crime commis à l'origine de leur famille.

Thèbes, la ville aux sept portes

En ce temps-là, l'arrière petit-fils de Cadmos régnait sur Thèbes. Il s'appelait Laïos et vivait fort heureux avec sa cousine Jocaste qu'il avait épousée.

Lorsqu'elle lui annonça qu'ils attendaient un enfant, le bon roi s'en réjouit. Sans plus attendre, il alla consulter l'oracle au sujet de son futur fils. Car les deux époux ne doutaient pas un instant qu'ils auraient un garçon.

— Ce sera un fils, en effet, confirma l'oracle, mais il tuera son père et épousera sa mère !

Cette prédiction bouleversa Laïos qui revint en tremblant apprendre l'effroyable nouvelle à Jocaste.

— C'est horrible, dit celle-ci. Mais voici ce que nous allons faire. Quand l'enfant sera né, nous le laisserons dans la campagne où il sera dévoré par les bêtes sauvages. Et ensuite, nous aurons d'autres enfants.

Et c'est ainsi que les choses se passèrent. A la naissance, Laïos refusa de reconnaître le petit garçon et ordonna à un serviteur d'aller l'abandonner au loin. Sans s'étonner, l'homme prit le nourrisson, lui perça les talons avec un poinçon, y fit passer une courroie de cuir, le jeta sur son épaule comme un sac et alla le suspendre à une branche d'olivier.

— Voilà qui est fait ! dit-il à Laïos au retour.

Le roi soupira de soulagement. Et il continua à régner tranquillement.

Les monstres

De nombreuses mythologies mettent en scène des démons, à demi animaux, qui tourmentent les vivants ou les morts. Grecs et Latins sont étrangers à cette idée. D'ailleurs, le mot grec *daimôn* signifie simplement « génie familier ». En revanche, ces deux peuples connaissent une foule de monstres. Par exemple, les chiens à trois têtes, Cerbère et son frère Othos, chien du géant à trois corps Géryon, que combattit et vainquit Héraclès. Les Harpies et les Sirènes sont mi-femme mi-oiseau, le Sphinx est mi-femme mi-lion, le Minotaure, mi-homme mi-taureau, les Centaures sont mi-homme mi-cheval et les Tritons, mi-homme mi-poisson.
Les êtres en partie serpent sont également nombreux, de la Gorgone Méduse au monstre Typhon. Plus compliquée apparaît la Chimère : sa tête de lion crachant des flammes se poursuit par un corps de chèvre, avec une seconde tête, et se termine par un serpent !
On ne compte plus les êtres ailés, tels Pégase, Zéthès, Calaïs...
Mais les plus étranges sont sans doute les monstres de bronze. Ainsi les célèbres taureaux que durent dompter Jason en Colchide et Cadmos à Thèbes. Le plus singulier de tous fut certainement « l'homme de bronze qui gardait la Crète » et que Thésée tua en enlevant le clou qui, fixé à sa cheville, empêchait son fluide vital de s'écouler.

Pieds-Enflés

Cependant, à quelques kilomètres de là, un brave paysan s'arrêtait fort intrigué au pied d'un olivier, à la branche duquel certain petit garçon était suspendu par les pieds.

— A-t-on idée d'une cruauté pareille ? bougonna le paysan en coupant la courroie. Pauvre petit ! Il a les pieds tout enflés !

Et comme il avait bon cœur, il rapporta sa trouvaille à la maison. Sa femme l'accueillit assez fraîchement :

— Comme si nous n'avions pas assez de bouches à nourrir ! ronchonna-t-elle. Que vais-je faire de cette misérable créature ?

Fort ennuyé, le paysan s'en alla trouver le roi du pays, Polybos de Corinthe, un très brave homme.

— Nous pouvons bien élever ce gamin au palais, dit-il, il y a déjà tant de monde. Un de plus, un de moins, cela ne fera pas grande différence !

On appela l'enfant Oedipe, ce qui signifie Pieds-Enflés (à cause de sa blessure, naturellement), et tout fut dit.

Oedipe

Les années passèrent et Oedipe grandissait vite. Le roi Polybos s'était pris d'amitié pour lui au point de le considérer à peu près comme son fils. Quant à l'enfant, il se croyait de bonne foi le fils du roi de Corinthe. Un jour, il eut l'âge d'aller consulter l'oracle de Delphes. La Pythie lui annonça, comme autrefois à Laïos, qu'il était destiné à tuer son père et épouser sa mère. Oedipe fut horrifié. Pour faire mentir l'oracle, il décida de ne jamais retourner à Corinthe et s'enfuit, désespéré, à travers la campagne.

Il marcha longtemps. C'était un vigoureux jeune homme, grand sportif, très habile à tous les arts martiaux et volontiers bagarreur. A un carrefour, Oedipe rencontra un riche seigneur accompagné de quatre gardes. Comme les soldats lui intimaient l'ordre de libérer immédiatement le passage, son sang ne fit qu'un tour. Il répondit avec vigueur et d'un ton très cassant.

Les hommes mirent pied à terre pour donner une leçon à cet insolent. Un instant plus tard, l'un d'entre eux s'enfuyait à l'horizon. Quant au riche seigneur, à son cocher et aux trois autres gardes, ils rendaient l'âme dans la poussière.

L'énigme du Sphinx

Peu après, l'âme en paix, Oedipe arriva aux environs de Thèbes. La ville connaissait alors un bien grand malheur. Un monstre survenu depuis peu et que l'on appelait le Sphinx gardait la route. Il était moitié lion, moitié femme, et posait une devinette à tous les voyageurs. Quand ceux-ci ne trouvaient pas la réponse, le Sphinx les tuait et les dévorait. Et personne n'avait encore pu deviner l'énigme ! Le roi Laïos était parti pour Delphes, consulter l'oracle à ce sujet, mais il avait trouvé la mort dans des circonstances mystérieuses.

Le régent, Créon, gouvernait à sa place ; il avait promis le trône — et la main de la reine Jocaste — à celui qui vaincrait le Sphinx.

Dès son arrivée, Oedipe rencontra le monstre.

— Dis-moi, voyageur, dit le Sphinx, peux-tu résoudre cette énigme : quel est l'être qui marche sur quatre pattes le matin, sur deux pattes à midi et sur trois le soir ?

Et le Sphinx faisait déjà jouer ses griffes.

Mais Oedipe répondit sans presque réfléchir :

— C'est bien simple : il s'agit de l'homme. Au matin de sa vie, il marche à quatre pattes, sur deux jambes dans la force de son âge et avec une canne au déclin de sa vie.

Il avait donné la bonne réponse ! Le Sphinx jeta un cri de rage et détala.

Et selon la promesse de Créon, Oedipe, vainqueur du Sphinx, devint roi de Thèbes et épousa la reine Jocaste.

Oedipe-roi

C'est ainsi qu'en fuyant Corinthe et sa famille adoptive, Oedipe avait involontairement accompli le terrible oracle.

Mais ni lui ni personne n'en savait rien. Il régnait tranquillement sur Thèbes et menait avec Jocaste une vie agréable. Ils avaient plusieurs

△
Victime d'un terrible oracle, Oedipe fut abandonné par ses parents. Un paysan le trouva suspendu à un arbre et délivra le malheureux bébé.

△
Le caricaturiste Daumier, au XIXe siècle, présente une version très personnelle de la scène de l'énigme entre Oedipe et le Sphinx. La mythologie classique n'inspire pas que des œuvres « sérieuses ».

La malédiction

Pourquoi Oedipe, qui n'a commis aucun crime, est-il poursuivi d'une terrible malédiction tout au long de sa vie ? Parce que les dieux punissent sans distinction tous ceux qui sont issus d'un criminel, aussi bien que le criminel lui-même ! La faute d'un individu peut ainsi rejaillir sur sa famille, et même sur la tribu dont il fait partie.
Dans la pratique, si l'on peut dire, il existe une autre malédiction : celle que l'on pouvait lancer sur un ennemi. Les Grecs ne pratiquaient guère la magie, mais ils connaissaient malgré tout les « jeteurs de sort ». On croyait, par exemple, qu'en écrivant le nom d'un ennemi sur une feuille de plomb et en jetant cette feuille roulée dans un puits, l'ennemi finirait par se noyer.

△
Le peintre Gustave Moreau donne une image très intéressante de la rencontre d'Oedipe et du Sphinx. Il ne s'agit plus de montrer l'homme vainqueur de la bête. Ici, le personnage principal est le Sphinx. Alliant la beauté au mystère — l'énigme —, il représente l'idéal féminin.

enfants, deux garçons, Étéocle et Polynice, et deux petites filles, Ismène et Antigone.

Mais bientôt une terrible épidémie de peste s'abattit sur la ville. Les gens mouraient par dizaines.
Le roi consulta l'oracle sur ce qu'il convenait de faire. Et les dieux répondirent qu'il fallait châtier le meurtrier inconnu de Laïos. Oedipe s'y engagea solennellement.

L'oracle s'accomplit

Peu de temps après, un messager couvert de poussière arriva à Thèbes. Le roi de Corinthe, Polybos, venait de mourir et son peuple offrait le trône à Oedipe. Celui-ci réagit vivement.

— Impossible, dit-il, l'oracle est formel, je risquerais d'épouser ma mère Méropé !

— Mais, s'écria le messager étonné, vous n'êtes nullement le fils de la reine Méropé ! Je le sais puisque je vous ai moi-même découvert un jour dans la campagne, pendu à un arbre par une courroie qui vous traversait les talons. Vous n'aviez que quelques jours.

— Quoi ? hurla le roi, les yeux agrandis de terreur. Il venait de découvrir l'horrible vérité. Désespérée, Jocaste se précipita dans sa chambre et se pendit à une poutre.

Quant à Oedipe, accablé, il se creva les yeux pour ne plus voir la lumière du jour et partit sur les routes. Sa fille Antigone ne voulut pas le quitter et soigna son père aveugle, mendiant pour lui et le guidant dans sa marche trébuchante.

L'héritage d'Oedipe

Cependant, à Thèbes, la situation était troublée. La peste avait disparu, mais les deux fils d'Oedipe, Étéocle et Polynice, se disputaient le trône. Ils finirent par se mettre d'accord : chacun règnerait un an à tour de rôle.

C'était plus facile à dire qu'à faire.

La première année écoulée, Étéocle refusa purement et simplement de laisser le pouvoir à son frère. La confusion la plus totale s'installa et bientôt la guerre civile éclata.

△
Malgré tous ses efforts, Oedipe ne put faire autrement que d'accomplir le terrible oracle : il tua son père et épousa sa mère ! Lorsqu'il apprit l'épouvantable vérité, accablé, il se creva les yeux et s'enfuit en mendiant sur les routes. Sa fille Antigone l'accompagna volontairement. Elle est restée un exemple de dévouement et de piété filiale.

Polynice, furieux, appela à l'aide son beau-père. Celui-ci vint aussitôt le soutenir. Avec son armée, naturellement.

Créon, l'ancien régent, voulait rappeler Oedipe, qui s'était réfugié près d'Athènes, dans la ville de Colonne. Mais les troupes de Thésée l'en empêchèrent et protégèrent le vieil homme. Quelques semaines plus tard, l'aveugle, très soulagé,

△
Après la mort de son père Oedipe, Antigone, toujours elle, refusa d'exécuter les ordres sacrilèges de son oncle Créon. Le régent de Thèbes voulait que l'on laisse sans sépulture le cadavre de Polynice, frère d'Antigone. Elle lui donna néanmoins des funérailles, sans lesquelles il n'aurait pu entrer dans l'Hadès. Créon, furieux, fit enterrer vive Antigone.

Une lutte sanglante opposa les fils ▷ d'Oedipe, Étéocle et Polynice. Ils devaient régner un an, à tour de rôle, mais Étéocle refusa de rendre le pouvoir à son frère. Polynice appela ses alliés à l'aide : sept rois accoururent, à la tête de sept armées qui assiégèrent la ville. Tous furent tués au combat, sauf Amphiaraos, qui tomba avec son char dans un précipice.

mourut en bénissant le héros de l'Attique. Ainsi prenait fin l'un des destins les plus tragiques de la mythologie grecque.

Les Sept contre Thèbes

Mais pendant ce temps, le beau-père de Polynice assiégeait Thèbes avec ses six alliés : un pour chaque porte. C'est ce que l'on appelle « les Sept contre Thèbes ». Les Sept essuyèrent un désastre complet : ils furent presque tous tués au combat, et Étéocle et Polynice se livrèrent un duel terrible, au cours duquel ils s'entr'égorgèrent.

Les deux frères étant morts, le régent Créon reprit le pouvoir. Il ordonna des funérailles grandioses pour Étéocle, le défunt roi, mais refusa de laisser enterrer ses ennemis. C'était là pour les Grecs un terrible sacrilège. Et Antigone ne put supporter de voir son frère Polynice, dévoré par les corbeaux et les renards, rester sans sépulture. Elle décida donc de l'ensevelir.

Cependant, en accomplissant ce devoir sacré, elle avait formellement désobéi aux ordres de Créon. Celui-ci la condamna à mort et la fit enterrer vive, dans un grand tombeau, avec un peu d'eau et de nourriture. Ainsi le régent ne serait-il qu'indirectement responsable de la mort d'Antigone, puisqu'elle mourrait toute seule.

Cependant, lorsqu'on avertit Créon que la malédiction se rapprochait de nouveau de Thèbes, il se hâta de faire « enterrer les morts et déterrer les vivants ». Il était trop tard : Antigone s'était pendue dans son caveau !

Les Épigones

Vous vous souvenez des Sept contre Thèbes ? Six d'entre eux étaient morts au combat, mais ils laissaient des fils. Et ceux-ci, devenus grands, reprirent la guerre pour venger leurs pères. On les appelle « les Épigones ».

Ils mirent le siège devant Thèbes, et cette fois remportèrent la victoire. Ils ravagèrent la cité, massacrèrent les habitants et portèrent sur le trône le fils de Polynice, Thersandros. Mais le nouveau roi régna sur une ville en ruine : il ne restait rien de la puissante Thèbes du temps d'Oedipe.

LES ATRIDES : DE TANTALE A PÉLOPS

La plus abominable famille de la mythologie.

△
Ce guerrier vieux de quelque 2 700 ans n'est pas grec, mais étrusque. Il nous introduit pourtant dans l'univers des guerriers légendaires.

Pour vaincre Oenomaos, Pélops a décidé de « saboter » son char. En remplaçant les chevilles de bois par de la cire, il était sûr de l'emporter. ▷

La famille des Atrides n'est pas moins épouvantable que celle d'Oedipe. Ils tirent leur nom de leur grand-père Atrée, mais en réalité, le fondateur de leur lignée fut l'abominable Tantale.

Celui-ci avait voulu voir si les dieux étaient aussi perspicaces qu'on le disait et avait imaginé de leur servir à dîner son fils Pélops bouilli dans une marmite ! Les dieux s'en aperçurent, bien évidemment, et punirent Tantale de façon exemplaire : enchaîné au bord d'un lac, à côté d'un arbre fruitier, il meurt de soif et de faim. L'eau et les branches se retirent dès qu'il tend la main pour les atteindre.

Les dieux reconstituèrent ensuite le pauvre Pélops. Déméter, affamée, avait malgré tout mangé le morceau qui se trouvait dans son assiette, l'épaule. Il fallut fabriquer au malheureux une épaule en ivoire, une sorte de prothèse ; et tous ses descendants portaient, disait-on, une tache blanche en haut du dos.

La course pour le mariage

Après quelques années de règne tranquille, Pélops voulut épouser une jeune fille nommée Hippodamie. Or le père de celle-ci, Oenamaos, était un maniaque de la course de char. Il prétendait ne donner sa fille qu'à celui qui le vaincrait sur une très longue distance, environ cent quarante de nos kilomètres. Aucun cheval, bien sûr, ne peut galoper aussi longtemps, mais Oenamaos avait un excellent attelage, cadeau d'Arès en personne. Aussi gagnait-il toujours. Il faisait monter dans un char Hippodamie et son prétendant, leur laissait un peu d'avance, puis se lançait à leur poursuite. Parvenu à bonne distance, il plantait sa lance entre les épaules du futur gendre et ramenait sa fille à la maison.

Pélops, lui, n'avait aucune intention de se laisser éliminer. Pour avoir la fille, il décida de tuer le père. Il s'arrangea avec le cocher Myrtilos pour qu'il remplace les chevilles de bois des roues du char par des chevilles de cire. Le sabotage réussit parfaitement : au premier tour de roue, le char s'effondra et Oenamaos roula à terre. Pélops fit aussitôt demi-tour et lui passa sur le corps avec son propre attelage.

Oenomaos ne se releva pas de ce terrible « accident ». Quant à Pélops, satisfait d'avoir mené à bien son plan, il épousa Hippodamie et régna tranquillement sur la ville.

Mais Pélops ne supportait plus le cocher Myrtilos, qui était le seul à connaître son secret. Et un jour, il le poussa du haut d'une falaise. Bien mal lui en prit, car sa victime était le fils d'Hermès. Avant de mourir, il jeta une terrible malédiction sur Pélops et toute sa descendance.

Elle ne commença pourtant pas tout de suite. Pélops étendit son pouvoir sur presque toute la grande presqu'île située au sud-ouest de la Grèce, qui garde encore aujourd'hui son nom : le Péloponnèse.

Il eut de nombreux enfants avec Hippodamie, dont Atrée et Thyeste. Il eut aussi avec une nymphe un autre enfant qu'il aimait beaucoup, et répondait au nom de Chrysippos.

Atrée et Thyeste, jaloux et excités par leur mère, tuèrent leur demi-frère dans une embuscade. Et lorsque Pélops découvrit la vérité, Hippodamie s'enfuit. La malédiction du cocher était en route.

Les frères maudits

Pélops maudit et chassa ses fils, qui se réfugièrent à la cour du roi Sthélénos, qui régnait sur la ville de Mycènes. Celui-ci les nomma gouverneurs de la cité de Midée, où ils vécurent désormais. Atrée acheta en Crète une belle esclave, Aéropé, qu'il épousa et dont il eut deux enfants, Ménélas et Agamemnon. Sthélénos mourut peu de temps après, et les Mycéniens demandèrent à l'oracle qui devait lui succéder.

— Prenez celui des souverains de Midée qui possède un agneau d'or, leur fut-il répondu.

Atrée fut très satisfait, car Artémis venait de faire naître dans son troupeau un agneau à toison dorée. Mais le jeune prince, au lieu de le sacrifier à la déesse, l'avait mangé et avait gardé la peau pour lui.

Artémis, pour se venger, avait rendu Aéropé amoureuse de son beau-frère. Et celle-ci avait volé à son mari la toison dorée de l'agneau, pour la donner à Thyeste. Ce fut donc lui qui monta sur le trône de Mycènes.

Le char

A l'origine instrument de combat, le char antique est en principe formé d'une légère structure de bois montée sur deux roues et attelée à deux chevaux. Plus tard, apparaîtra le char à quatre chevaux, le quadrige, dont les courses passionneront les spectateurs des hippodromes. A ce sujet, la célèbre histoire de Ben Hur est tout à fait vraisemblable.
Le char ancien emporte deux personnes, dont un conducteur, car le guerrier ne peut diriger l'attelage tout en combattant. Mais ce char ne sera plus utilisé lorsque les soldats à pied, l'infanterie, lui opposeront une défense efficace.

△
Ces tombes royales datent du XVIIe siècle avant J.-C. Elles furent découvertes à Mycènes, l'un des hauts lieux de la légende des Atrides.

◁ *Si Zeus se transforme souvent, il ne prend jamais l'aspect d'un mouton ou d'un bélier. Le mouton est destiné aux dieux. En gardant pour lui l'agneau d'or, Atrée a commis un sacrilège !*

△
La lutte entre Atrée et Thyeste dura pendant des dizaines d'années. Atrée se croyait définitivement vainqueur, lorsque le sort bascula : Thyeste enchaîné reconnut dans son jeune bourreau Égisthe, son propre fils ! Et celui-ci, qui allait égorger un vieillard sans défense, se retournera contre Atrée, qui avait armé sa main. La mythologie crée parfois des situations d'une brutalité qui nous déconcerte. Elles sont souvent le souvenir de luttes réelles pour le pouvoir.

La vengeance d'Atrée

Atrée, furieux, demanda conseil à Zeus, qui l'écouta avec bienveillance. Puis il proposa à son frère un étrange marché. S'il réussissait à lui montrer un véritable prodige, la constellation des Pléiades à l'envers dans le ciel, par exemple, il reprendrait le trône.

Thyeste crut son frère devenu fou et accepta en riant. Le soir même, Atrée devenait roi, car les Pléiades étaient à l'envers dans le ciel.

Thyeste dut s'exiler sur-le-champ.

Mais cela ne calma pas la colère d'Atrée, qui voulait une terrible vengeance. Il feignit bientôt de pardonner à son frère et l'invita à dîner. Le repas fut délicieux. Quand il fut terminé, Atrée, avec un bon sourire, tendit un sac à son hôte.

— Devine ce que tu as mangé ! lui dit-il.

Thyeste ouvrit le sac et poussa un hurlement. Il venait de voir les mains et les pieds de ses quatre enfants.

A ce point de haine et d'horreur, la guerre entre les deux frères ne pouvait s'éteindre qu'à la mort de l'un d'entre eux. Thyeste, au désespoir, alla demander à l'oracle comment venger ses enfants. La réponse fut obscure, mais le malheureux comprit qu'il devait avoir de sa propre fille un fils, qui apporterait aux Atrides les plus grands maux.

Le soir même, Thyeste alla voir sa fille Pélopia. Celle-ci ne sut jamais qui était le père de son enfant, mais elle parvint à dérober et à cacher l'épée du coupable.

Les dieux se fâchent

Les dieux commençaient à en avoir assez et le firent savoir. Mycènes connut une terrible famine. L'oracle conseilla à Atrée de faire revenir Thyeste : lui seul ramènerait l'abondance. C'est en le cherchant que le roi rencontra Pélopia, dont il ignorait qu'elle fût sa nièce. Il l'épousa et elle mit bientôt au monde un enfant qu'elle appela Égisthe.

Quelques années plus tard, les fils d'Atrée, Ménélas et Agamemnon, retrouvèrent leur vieil oncle. Ils le ligotèrent et le ramenèrent à Mycènes, où Atrée le fit jeter en prison. Thyeste était donc de retour, et la famine cessa. Mais le roi voulait en finir une bonne fois avec son frère et chargea Égisthe de cette besogne.

— Pour l'égorger, tu te serviras de cette épée. C'est celle que ta mère possédait quand je l'ai épousée.

Égisthe se dirigea vers le cachot.

— Mon épée ! s'écria Thyeste en voyant arriver le jeune homme.

Et il lui raconta l'histoire de sa naissance. On appela Pélopia : elle reconnut l'épée, elle reconnut son père, et comprit enfin la vérité. De désespoir, elle se jeta sur l'arme et mourut aussitôt. Égisthe prit à son tour l'épée et revint auprès d'Atrée.

— Est-ce fait ? demande le roi.

— Presque, mon oncle ! répondit Égisthe, et d'un coup, il égorgea le tyran.

Thyeste remonta sur le trône de Mycènes et Ménélas et Agamemnon s'enfuirent. Mais ils allaient revenir, avec une formidable armée, celle de Tyndare, le roi de Sparte, dont ils avaient épousé les filles.

Vaincu, Thyeste s'exila et mourut misérablement dans l'île de Cythère.

Les aventures de cette terrible famille ne s'arrêtent pas là. Mais avant de la retrouver, nous allons faire un détour par Troie.

△
A l'ouest de la Grèce, le Péloponnèse est au cœur de l'histoire des Atrides. Cette région doit son nom au grand ancêtre de cette famille marquée par la malédiction divine, Pélops.

△
C'est au cours d'un banquet qu'Atrée servit à son frère Thyeste la chair bouillie de ses enfants ! Situation d'autant plus horrible que pendant toute l'Antiquité, le banquet représente au contraire un moment privilégié, à partager avec ses amis et ses hôtes. Vous découvrez ici un banquet romain.

LA GUERRE DE TROIE

Dix ans de combats
et de luttes
pour venir à bout
de la puissante Troie.

△
Au cours de l'interminable guerre de Troie, les dieux ne restent pas neutres. Seul Zeus s'efforce d'être impartial. Mais comment résister à Thétis lorsqu'elle le supplie d'ordonner à Héphaïstos de forger des armes pour son fils Achille ?

La guerre de Troie marque un tournant capital dans la mythologie. Elle voit en effet apparaître — et souvent disparaître — les derniers grands héros. Ensuite, il n'y aura plus que des hommes.

La guerre de Troie n'est d'ailleurs pas entièrement imaginaire. Il a réellement existé une ville de Troie, en Asie Mineure, dans l'actuelle Turquie. Ses ruines ont été retrouvées au XIXe siècle. Mais la légende s'est emparée de ce qui ne fut sans doute à l'origine qu'une expédition militaire parmi d'autres. Parce qu'un extraordinaire poète s'en est inspiré pour écrire l'un des plus célèbres poèmes de tous les temps. Il s'appelait Homère, et nous lui devons *L'Iliade.*

Le titre de cette épopée vient de l'autre nom de Troie : Ilion. La ville avait en effet été fondée par Tros et Ilos, le père et le fils.

Cependant, *L'Iliade* a sa place dans la mythologie, car Homère y fait souvent intervenir les dieux, et les personnages qu'il met en scène sont pour la plupart les descendants des grands héros fondateurs dont nous avons parlé, et parfois même les enfants des dieux.

Homère n'est pas le seul à avoir décrit cette guerre, et les légendes à son sujet sont nombreuses. Ainsi, le Romain Virgile, des siècles après lui, a raconté la chute de la ville et la victoire finale des Grecs, ce que n'avait pas fait Homère.

Mais revenons au début de l'histoire et découvrons cette guerre depuis ses origines.

Les noces de Thétis et de Pélée

Tout commença en fait au moment du mariage de Thétis et de Pélée. Thétis était une puissante divinité de la mer. Zeus avait même songé à l'épouser, mais lorsqu'il apprit, grâce à Prométhée, que le fils de la déesse devait être plus puissant que son père, il se hâta de la marier à un mortel. Un puissant roi, naturellement, mais enfin un mortel. Thétis n'était guère satisfaite.

Pour la consoler, les dieux vinrent tous à son mariage et lui firent de somptueux présents de noces.

Une seule divinité ne fut pas invitée, Éris, « la Discorde », dont on ne souhaitait jamais la présence, évidemment. Éris se vengea en lançant simplement au milieu des invités... une pomme. Une petite pomme de rien du tout, mais sur laquelle elle avait trouvé amusant d'écrire ces mots : « A la plus belle ! »

C'était la fameuse « pomme de Discorde », car toutes les déesses présentes commencèrent à se la disputer. Finalement, les concurrentes se réduisirent à trois.

Le jugement de Pâris

Mais comment départager ces trois « finalistes » ? Il y avait Aphrodite, cela va sans dire, mais aussi Héra, qui se disait la plus belle puisqu'elle était l'épouse du plus puissant des dieux. Et, enfin, curieusement, la sage Athéna, acharnée elle aussi à gagner ce prix insignifiant.

Ne pouvant se mettre d'accord, les trois déesses cherchèrent un juge : elles appelèrent un jeune berger nommé Pâris et le prirent pour arbitre. Chacune ne doutait pas d'être choisie. Cependant, par prudence, elles commencèrent par vouloir acheter le juge.

Elles lui firent toutes des promesses éblouissantes. Héra lui offrit tout simplement de régner sur la Terre. Athéna lui assura qu'il serait toujours vainqueur au combat. Quant à Aphrodite, qui connaissait bien l'âme humaine, elle lui promit... la plus belle femme du monde.

Pâris fut d'autant plus ébloui par cette dernière promesse que la déesse s'était... déshabillée avant de lui parler. Il lui donna la pomme sans la moindre hésitation.

Athéna et Héra, vous vous en doutez, étaient furieuses. Elles jurèrent de se venger.

La plus belle femme du monde

Or Pâris était en fait bien autre chose qu'un gardien de troupeau. Comme tant d'autres enfants, il avait autrefois été recueilli par des bergers. Mais il avait pour parents le roi de Troie, le vieux Priam, et sa femme Hécube. La déesse Aphrodite commença donc par faire reconnaître le jeune homme pour ce qu'il était réellement : prince de maison royale. Pâris retrouva son père, qui l'accueillit avec effusion.

Troie a-t-elle existé ?

On a longtemps cru que la ville de Troie relevait de l'imagination d'Homère. Il a fallu attendre Heinrich Schliemann, un archéologue allemand, pour découvrir que la légende était le reflet de la réalité. En 1868, Schliemann entreprit de fouiller, avec une centaine d'ouvriers engagés à ses frais, une colline de Turquie qui lui semblait correspondre à la description d'Homère : Hissarlik. Après un travail acharné, il mit au jour non pas une cité, mais neuf villes superposées. L'archéologue allemand pensait que la « vraie Troie », celle de **L'Iliade,** devait être « Troie II » (on numérote les couches à partir du haut). On pense maintenant qu'il s'agirait plutôt de « Troie VIII » ou « Troie VI ».

Les aèdes étaient des sortes de bardes. Ils allaient de place en place chanter l'histoire des héros en s'accompagnant de la lyre. Le plus célèbre fut Homère.
▽

△
La belle Hélène et Pâris, le prince troyen, à la mode du XVIIe siècle. Cette scène décore le boîtier d'une montre de l'époque de Louis XIV.

△
Athéna, Héra et Aphrodite ont choisi Pâris pour désigner la plus belle d'entre elles. Son jugement sera à l'origine de la guerre de Troie.

En promettant à Pâris la plus belle femme du monde, Aphrodite désignait Hélène, la reine de Sparte. Le jeune prince l'enleva, le drame commençait. ▷

Il fallait maintenant lui donner l'épouse promise. La déesse n'hésita pas longtemps. Car tous les Grecs savaient que la plus belle femme du monde, c'était Hélène la Blonde, la femme du roi de Sparte, Ménélas. La beauté de cette fille de Zeus était si célèbre que Thésée avait voulu l'enlever alors qu'elle n'avait encore que douze ans ! Tous les rois de la Grèce l'avaient demandée en mariage, et son père adoptif, Tyndare, avait craint une guerre générale entre les prétendants. Il leur avait donc fait prêter à tous le même serment : ils s'engageaient à secourir le mari d'Hélène, quel qu'il fût, si un jour il était attaqué.

Tous avaient juré et les passions s'étaient peu à peu apaisées. Tyndare avait donné sa fille au fils d'Atrée, Ménélas.

Or celui-ci n'était peut-être pas très amusant car la blonde Hélène s'ennuyait.

Mais un beau matin, l'occasion de se distraire arriva enfin. Un élégant navire transportait en effet, dans le royaume de Sparte, une magnifique ambassade venue de loin vers l'est, de la puissante Troie. Et Hélène remarqua tout de suite la beauté singulière et les manières fastueuses du jeune ambassadeur oriental. Qui n'était autre que le prince Pâris, naturellement...

Un singulier diplomate

L'intrigue ne tarda pas à se nouer : Aphrodite y veillait. Quelques jours plus tard, à l'aurore, l'ambassadeur et la jeune reine dévalaient ensemble le sentier rocailleux qui menait à la plage, les matelots poussaient en hâte le navire à la mer, on hissait les voiles et le navire s'éloignait, laissant le roi de Sparte sans femme et les négociations sans résultat.

Ou plutôt si : la colère de Ménélas fut épouvantable ! Il convoqua d'urgence le ban et l'arrière-ban des rois de la Grèce, leur rappela leur serment et les somma de l'aider à reprendre sa femme.

Ceux auxquels il faisait appel applaudirent chaleureusement. L'occasion était excellente d'attaquer une ville qui ne leur avait rien fait, mais dont la puissance économique et le com-

△
Iphigénie, la fille d'Agamemnon, va être sacrifiée. Alors, seulement, le vent se lèvera... et la flotte grecque pourra partir vers les rivages de Troie !

△
Qui sont ces grands seigneurs, habillés à la mode du XVe siècle ? Quelques-uns des héros de la guerre de Troie ! Ils apparaissent sur une tapisserie flamande, couverts de bijoux et revêtus des plus riches étoffes.

merce florissant leur laissaient espérer un superbe butin. La redoutable Troie, que l'on appelait aussi Ilion ! Pourtant, quelques-uns tentèrent de se soustraire à cette mobilisation générale ; ainsi Ulysse, le roi d'Ithaque, fit-il semblant d'être devenu fou. Mais le corps expéditionnaire devait être puissant, et bon gré mal gré, tous durent répondre à la convocation du roi de Sparte.

Le sacrifice d'Iphigénie

Une immense flotte se réunit donc à Aulis afin de transporter l'armée des Grecs. Le frère de Ménélas, Agamemnon, roi de Mycènes, avait été nommé commandant en chef de l'armée et de la flotte. Pour partir, on attendait le vent d'ouest. Or il soufflait de l'est, et les navires grecs de l'époque ne pouvaient naviguer que par vent arrière, ou à peu près.

Pendant ce temps, toutes les conversations diplomatiques avaient échoué : les Troyens refusaient obstinément de rendre Hélène et la jeune femme vivait tranquillement derrière les puissants remparts de Troie, dans le palais de Pâris.

Dix ans avaient passé. Le vent d'ouest ne venait toujours pas. Le devin Calchas interrogea l'oracle : il fut terrible ! Agamemnon avait offensé Artémis, et la déesse exigeait un sacrifice humain : celui d'Iphigénie, la propre fille du roi ! La mort dans l'âme, celui-ci dut céder devant la pression des chefs grecs, exaspérés par ces perpétuels retards. On fit venir Iphigénie à Aulis sous l'affreux prétexte de la marier au plus beau, au plus fort et au plus blond de tous les héros de l'armée, Achille, le fils de Thétis et de Pélée. Et quand elle fut arrivée, rayonnante de bonheur, on l'égorgea sur l'autel d'Artémis. Mais les vents d'ouest se levèrent et la flotte put faire voile vers Troie.

Le siège de Troie

De leur côté, les Troyens n'étaient pas restés inactifs. A l'intérieur des formidables remparts de la ville, fermés par d'immenses portes que l'on appelait les « portes Scées », ils avaient entassé suffisamment d'armes pour soutenir n'importe quel siège. Et ils avaient appelé à l'aide leurs alliés qui étaient venus en grand nombre. Quand les Grecs débarquèrent, ils se trouvèrent en face d'une armée qui valait bien la leur.

Le meilleur chef des Troyens était sans conteste le grand Hector, fils de roi Priam. Il avait la réputation d'un terrible guerrier, mais aussi d'un homme juste et bon. Puis il y avait Énée, son cousin, le fils d'Aphrodite ; il y avait Déiphobe, terrible combattant, lui aussi. Il y avait les alliés, Memnon, le fils d'Eôs, Sarpédon, le petit-fils de Bellérophon... Troie serait remarquablement bien défendue !

Du haut de l'Olympe, les dieux suivaient la guerre avec passion. Les uns, Aphrodite, Arès, Poséidon et Apollon, penchaient pour les Troyens. Les autres Athéna, Héra, Thétis, Héphaïstos, étaient pour les Grecs. Zeus, soucieux, s'efforçait de rester juste et de ne pas prendre parti.

Le siège fut bien plus difficile que ne l'avaient espéré les Grecs. Au bout de dix ans, ils en étaient toujours au même point, retranchés autour des précieux vaisseaux échoués sur la plage. Leur camp avait pris peu à peu l'aspect d'une petite ville en face de la grande, et les deux armées se battaient tous les jours à mi-chemin des deux.

Les sacrifices humains

L'horrible fin d'Iphigénie semble bien refléter une triste réalité, celle des sacrifices humains avant le combat, pour se concilier les dieux. On cite le cas du dernier roi d'Athènes, Codros, qui se jeta dans les rangs ennemis pour y chercher une mort volontaire : ce suicide rituel devait attirer le malheur sur l'adversaire. Et ce fut en l'occurrence le cas.
A Rome, on conserva longtemps ces pratiques, dans les situations extrêmement graves. On sacrifiait alors quatre esclaves, deux Grecs et deux Gaulois. Mais les Romains, à partir de notre ère environ, remplacèrent le guerrier vivant par une statue, un simulacre, qui jouait le même rôle. Ils l'enterraient sur le champ de bataille après l'avoir voué à Pluton.

La colère d'Achille

Mais soudain, une terrible querelle éclata dans le camp de Grecs. Agamemnon avait fait une prisonnière, Chryséis. Le père de la jeune fille, qui était prêtre d'Apollon chez les Troyens, appela le dieu à son secours. Celui-ci mit son carquois sur l'épaule, prit son arc et cribla de flèches l'armée des Grecs. Une épidémie se déclara. Agamemnon dut rendre Chryséis à son père. Mais de rage, il décida d'en prendre une autre pour esclave : la jolie Briséis.

Or, cette Briséis était déjà l'esclave d'Achille ; elle faisait partie de son butin. Furieux, Achille décida de se retirer sous sa tente et de ne plus participer aux combats, ni lui ni ses hommes, naturellement.

Dès lors, la situation changea. En effet, seul Achille était capable de tenir tête au redoutable

△
La dispute d'Achille et d'Agamemnon est le thème essentiel de L'Iliade, *le poème d'Homère. Le peintre Vénitien Tiepolo a utilisé ce sujet, au* XVIII*e siècle, pour décorer les murs d'une superbe villa.*

△
A la fin du XIXe siècle, l'archéologue Schliemann découvrit le site de Troie. Les fouilles ont mis au jour neuf villes superposées, dont ce sanctuaire.

△
L'ombre de Patrocle apparaît à Achille endormi (tableau de Jacques Gamelin).

Patrocle va être tué par Hector. ▷
Pour venger son ami, Achille décidera enfin de reprendre le combat.

Hector. En son absence, les Troyens venaient maintenant combattre jusque sous les retranchements des Grecs, malgré les efforts des meilleurs capitaines de l'armée d'invasion.

Pourtant, Achille refusait toujours de bouger, même le jour où les Troyens parvinrent à enfoncer les lignes des Grecs, à pénétrer dans le camp et à mettre le feu aux navires qui étaient tirés au sec sur le rivage.

La mort de Patrocle

La bataille risquait de tourner au désastre. Patrocle, le meilleur ami d'Achille, le supplia alors de lui prêter ses armes et de le laisser prendre la tête de ses hommes, les Myrmidons. Avec le casque grec, qui recouvrait entièrement la tête, ne laissant découverts que les yeux et la bouche, les Troyens le prendraient certainement pour Achille et croiraient le héros de retour. Celui-ci hésita, puis accepta à contre-cœur, recommandant toutefois à Patrocle d'éviter Hector : seul Achille pouvait lui résister.

Les Myrmidons chargèrent. Les Troyens trompés refluèrent, le camp fut sauvé. Mais Patrocle ne put éviter le combat avec Hector. Et le redoutable Troyen le tua et s'empara des armes d'Achille !

Le combat entre Hector et Achille

Le chagrin d'Achille fut immense. Il pleura toute la soirée et décida enfin de sortir de sa tente : il allait venger son ami.

Au matin, il apparut, portant des armes encore plus belles que les précédentes. Sa mère Thétis les avait demandées à Héphaïstos, qui avait travaillé toute la nuit pour les forger. Le héros s'arma en silence, rassembla ses hommes et s'avança, cherchant Hector.

Dans l'Olympe, les dieux s'inquiétaient de l'issue de la bataille. Ils demandèrent à Zeus d'intervenir. Celui-ci, sans rien dire, prit une balance et y posa les destins des deux héros. Celui d'Achille pesait plus lourd. Hector devait mourir.

Les deux hommes se rencontrèrent seuls au

△
L'oracle avait annoncé que le fils de la déesse Thétis serait plus puissant que son père. Prudemment, Zeus la maria à un prince mortel, le roi Pélée. Lorsque leur fils Achille naquit, la déesse voulut le rendre invulnérable en le plongeant dans les eaux du Styx. Ce qu'elle fit en le tenant par le talon. Ce fut donc la seule partie du corps du bébé qui échappa à l'immersion dans le fleuve infernal. Et c'est là qu'une flèche atteindra le héros, lui causant une blessure mortelle. Nous parlons toujours du « talon d'Achille » pour évoquer une faiblesse cachée.

pied des remparts de Troie. Mais à la vue de son adversaire, le courage manqua au Troyen : il tourna le dos et prit la fuite ! Achille se lança à sa poursuite. Pourtant, il ne vint à l'idée de personne de se moquer d'Hector, car sa bravoure était célèbre. Quant au Grec, livide, les mâchoires serrées, une flamme de meurtre dans le regard, couvert des armes d'Héphaïstos, on ne pouvait le voir sans trembler. D'autant plus qu'il avait pour mère une déesse ; Hector n'était qu'un homme. Et aucun mortel, fût-il fils de roi, ne peut résister à un être à demi-divin.

Pourtant, Hector, faisant un gigantesque effort sur lui-même, se retourna brusquement et engagea le combat. Sauvagement ! Les Troyens, penchés sur leurs remparts, hurlèrent d'admiration. Mais Achille tua le grand Hector.

Il ramena le soir dans le camp des Grecs le cadavre d'Hector, attaché à son char par les pieds, la tête traînant dans la poussière et rebondissant sur les cailloux. Et jusqu'au matin, assis sur la plage, Achille pleura son ami Patrocle qu'il avait vengé.

Le talon d'Achille

Mais l'oracle l'avait prédit : la mort d'Achille suivrait de peu celle d'Hector. Et ce fut une flèche, celle de Pâris, qui abattit le héros invincible. Elle l'atteignit au seul endroit où l'on pouvait le blesser, au talon. En effet, à sa naissance, pour le rendre invulnérable, sa mère Thétis l'avait plongé dans les eaux du Styx. Mais le talon, par lequel elle le tenait, n'avait pas été mouillé. Et c'est là, précisément que la flèche de Pâris pénétra.

Nous avons gardé l'expression « le talon d'Achille » pour désigner le point faible de quelqu'un.

Le cheval de Troie

Patrocle, Achille, Hector étaient morts. Bien d'autres héros également, chez les Grecs comme chez les Troyens, et la guerre durait toujours. De nombreux chefs commençaient à trouver que cela avait assez duré. Ils voulaient rentrer chez eux.

Ulysse, le rusé roi d'Ithaque, imagina alors un stratagème de guerre.

Sur ses indications, les Grecs construisirent un immense cheval de bois, à l'intérieur duquel se cachèrent une poignée d'hommes, parmi les plus courageux.

Puis l'armée plia bagages, tira les vaisseaux à la mer, et disparut au-delà de l'horizon. Mais les Grecs n'allèrent pas très loin, ils cachèrent la flotte derrière une petite île, Ténédos.

Au matin, les Troyens poussèrent des cris de joie : après dix ans de guerre acharnée, les attaquants étaient enfin partis.

Vainqueurs ! Ils étaient vainqueurs !

Ils s'élancèrent dans la plaine, fouillèrent joyeusement le camp abandonné et examinèrent avec curiosité le grand cheval de bois : à quoi pouvait-il bien servir ?

C'est alors qu'ils découvrirent un Grec oublié par ses compagnons. L'homme les supplia en tremblant de lui laisser la vie sauve. Ce cheval, leur expliqua-t-il, était une offrande à Poséidon, afin que le dieu des mers accorde aux navigateurs un facile retour dans leur patrie. Mais pourquoi donc était-il si grand ? Tout simplement pour empêcher les Troyens de le faire entrer dans leur ville ! Sinon, avait dit l'oracle, Troie serait invincible à jamais.

Il va sans dire que ce Grec jouait un habile double jeu. Ulysse lui avait fait la leçon.

Mais les Troyens le crurent et, enchantés, décidèrent immédiatement de faire entrer l'étrange

△
C'est Ulysse, le roi d'Ithaque, qui imagina la ruse qui devait perdre Troie. Des soldats grecs se cachèrent dans un grand cheval de bois, que les Troyens introduisirent eux-mêmes dans la ville. Sur cette amphore du VIIe siècle avant J.-C., les guerriers grecs, cachés dans le cheval, apparaissent derrière de petites fenêtres !

Les Grecs laissèrent croire à leurs adversaires que le gigantesque cheval de bois était une « offrande à Poséidon ». Les Troyens, en le faisant pénétrer dans leur ville, pensaient la rendre désormais invulnérable. Mais c'est la mort qui allait surgir des flancs de l'immense statue...
▽

△
Douris fut l'un des plus célèbres peintres sur céramique d'Athènes. L'un des rares, aussi, à signer ses œuvres. Vous découvrez ici un détail d'une splendide coupe. La scène représente un combat qui oppose le grand héros troyen, Hector, au Grec Ajax.

construction dans la ville. Seul un prêtre de Poséidon, nommé Laocoon, ne se montra guère enthousiasmé par cette idée.

— Je crains les Grecs, s'écria-t-il, même quand ils font des offrandes !

Et il lança son javelot sur le cheval. L'arme vibra longuement en se plantant dans le bois. Aussitôt, deux énormes serpents, sortant de la mer, attaquèrent Laocoon, s'enroulèrent autour de lui et l'étouffèrent, lui et ses deux fils.

Les Troyens, terrifiés, se hâtèrent de tirer le cheval dans leur ville, en abattant un pan des murailles. Puis ils passèrent la journée et le soir à rire, à chanter et à boire pour fêter la victoire.

La chute de Troie

Pendant ce temps, la flotte grecque, profitant de l'obscurité, revenait discrètement de l'île de Ténédos. Les troupes d'assaut débarquèrent et marchèrent silencieusement vers la ville.

Vers le milieu de la nuit, alors que les Troyens s'étaient endormis, une main prudente souleva la trappe qui fermait le ventre du cheval, et un à un, les Grecs cachés à l'intérieur sautèrent sans bruit à terre. Ils étaient enfin dans Troie !

Ils coururent vers les remparts, ouvrirent les formidables portes Scées, et comme une marée, l'armée grecque se répandit en hurlant dans la ville, allumant partout l'incendie et massacrant sans pitié tous ceux qu'elle rencontrait.

Les Troyens, épouvantés, se réveillèrent. Partout jaillissaient les flammes. La ville grouillait de Grecs brandissant des épées rougies de sang. Ils se précipitèrent sur leurs armes, mais en vain. Ils tombaient massacrés avant même d'avoir pu résister. Seul, Énée parvint à réunir une petite troupe qui engagea une contre-attaque avec l'énergie du désespoir. Mais il était trop tard.

Énée dut abandonner la ville. Il partit avec ceux qu'il avait pu regrouper, quelques objets précieux, les statues des dieux de sa famille, et s'éloigna dans la fumée, portant son vieux père Anchise sur ses épaules et tenant son jeune fils par la main.

Ainsi périt l'illustre et superbe cité de Troie, « la ville battue des vents ».

△
Les Grecs sont enfin entrés dans Troie. La ville brûle. Le prince Énée abandonne la cité. Il porte sur ses épaules son vieux père Anchise et emmène avec lui son jeune fils, Ascagne. Sa femme, Créüse, s'égarera en chemin, massacrée probablement par les Grecs. Énée réunira les débris du peuple troyen.

LES ATRIDES : LE RETOUR D'AGAMEMNON

Vainqueur de Troie, le puissant Agamemnon rentre enfin à Mycènes. Le drame l'attend.

△
Ce masque funéraire en or repoussé fut retrouvé sur le site même de Mycènes. Les archéologues ne purent résister à l'envie d'y voir l'effigie d'Agamemnon. En fait, ce masque date du XVIe siècle avant J.-C. Quant à la guerre de Troie, elle se serait déroulée bien après, quelque trois cents ans plus tard.

Ainsi se termina la guerre de Troie, qui s'était déclenchée pour les beaux yeux de la blonde Hélène, enlevée à son époux Ménélas.

Celui-ci, nous l'avons vu, était le fils d'Atrée qui, toute sa vie, avait poursuivi de sa haine son frère Thyeste, avant de périr par l'épée de son neveu Égisthe.

Ménélas avait un frère, Agamemnon, qui avait épousé la sœur d'Hélène, Clytemnestre. Ces deux filles du roi de Sparte, Tyndare, avaient d'ailleurs eu une naissance des plus originales.

Le cygne du destin

Leur mère, Léda, était très belle. Si belle que Zeus en devint amoureux et entreprit de s'en faire aimer sous la forme d'un grand cygne blanc. La jeune femme se baignait dans un torrent quand le cygne, poursuivi par un aigle, vint se réfugier dans ses bras. Léda, apitoyée, chassa l'aigle — sans grande difficulté, d'ailleurs, puisque sous ce déguisement se cachait Aphrodite.

Léda caressa doucement l'oiseau pour le calmer, tout en se séchant au soleil. Et quelques mois plus tard, elle accoucha — chose fort étrange — de deux œufs ! L'un d'eux contenait les héros Castor et Pollux (qui s'illustrèrent, nous l'avons vu, dans l'expédition des Argonautes), l'autre, Hélène et Clytemnestre. Et Tyndare éleva ces quatre jumeaux, dont deux, Pollux et Hélène, étaient les enfants de Zeus.

Le mariage de ses deux filles régla les problèmes d'héritage, toujours si compliqués dans la famille des Atrides : après la fuite de son oncle Thyeste, Agamemnon monta sur le trône de Mycènes. Quant à Ménélas, il succéda à Tyndare comme roi de Sparte.

Le retour d'Égisthe

Puis la guerre de Troie éclata. Agamemnon laissa à Mycènes sa femme Clytemnestre et leurs trois enfants, Iphigénie, Oreste et Électre.

Vous avez vu cependant comment ce bon roi n'hésita pas à sacrifier sa fille aînée pour assurer le départ de l'armée.

Mycènes

Schliemann, le célèbre découvreur de Troie, eut aussi la chance de remettre au jour les ruines de Mycènes, la légendaire cité d'Agamemnon. Il y découvrit un extraordinaire trésor contenu dans des tombes disposées en cercle. On y avait enterré, en grand apparat, de puissants rois guerriers, avec leurs armes, le visage recouvert d'un masque d'or.
Ces tombes ne datent pas de la même époque que la guerre de Troie, et des événements légendaires qui suivirent. Mais on parla malgré tout du « trésor d'Agamemnon ».

Clytemnestre laissa accomplir cet horrible meurtre, mais tout l'amour qu'elle avait pu avoir pour son mari disparut : il était bien de la race maudite des Atrides.

Et pendant les dix ans que dura la guerre, elle vit très souvent un personnage bien connu : le cousin Égisthe, le fils de Thyeste, et le meurtrier d'Atrée.

Bientôt, elle l'installa même dans le palais d'Agamemnon, comme s'il était son mari, au vu et au su de tout le monde, excepté, bien sûr, du roi, qui guerroyait au loin.

Mais Troie tomba. Agamemnon chargea ses navires de butin et regagna sa patrie. Il rentra sans trop de difficultés avec ses troupes victorieuses, sa flotte intacte, d'immenses richesses et de nombreuses princesses dont le roi de Mycènes avait fait ses esclaves.

△
Clytemnestre n'a ni oublié, ni pardonné le sacrifice de sa fille Iphigénie. Pour se venger, elle poussera Égisthe à tuer son mari, Agamemnon.

Oreste et Électre se retrouvent sur la tombe d'Agamemnon, décidés, eux aussi, à venger leur père. Une logique terrible qui aboutira au meurtre de leur mère. ▷

Le meurtre d'Agamemnon

— Le roi, murmuraient les gens sur son passage, le roi revient ! Que va-t-il arriver ?

Il se passa que Clytemnestre accueillit avec joie son époux, lui fit fête, l'embrassa et lui prépara un bon bain chaud.

Et tandis qu'Agamemnon savourait dans l'eau les douceurs du retour, Égisthe surgit brusquement et le tua sauvagement à coups de hache !

Ainsi s'accomplissait la vengeance posthume de Thyeste. Très satisfait de son exploit, l'assassin épousa Clytemnestre et régna sur Mycènes.

Les années passèrent.

Le retour d'Oreste

On avait presque oublié qu'Agamemnon avait eu des enfants. Le garçon, Oreste, sa nourrice l'avait en hâte emmené et caché en Phocide, chez le roi Strophios. Celui-ci l'éleva exactement comme ses autres enfants. Oreste devint même l'ami inséparable de son fils, Pylade.

Quant à la petite fille, Électre, plus personne n'y pensait. Devenue une jeune fille extrêmement belle, mais grave et taciturne, elle épousa un brave paysan de la région.

△
En tournant Électre, *le cinéaste grec Cacoyanis a rendu admirablement l'atmosphère rude des temps héroïques.*

△
La porte des Lionnes est un impressionnant témoignage des remparts de Mycènes. Cette façon d'ajuster sans mortier de grosses pierres est appelée « appareil cyclopéen ».

Elle vivait donc quelque part à la campagne.

En réalité, Électre n'était pas du tout aussi timide et réservée qu'on le croyait : elle avait au contraire un but terrible, la vengeance de son père ! Elle ne songeait qu'à cela, ne vivait que pour cela. Et cette idée fixe rendait la jeune fille particulièrement sombre.

Et puis un jour Oreste revint.

Un matin, à Mycènes, Électre trouva la tombe d'Agamemnon ornée de fleurs fraîches et garnie d'offrandes. Un jeune homme sanglotait, à genoux sur la dalle, tandis qu'à quelques pas en arrière, un autre le regardait avec pitié. L'épée du garçon agenouillé attira l'attention d'Électre : c'était celle d'Agamemnon !

La jeune femme tomba en pleurant dans les bras de son frère.

A côté de lui, son ami Pylade semblait fasciné par la beauté d'Électre, mais celle-ci le remarqua à peine. Elle ne pensait qu'à la vengeance qu'elle ruminait depuis si longtemps.

Oreste y était également fermement résolu. L'oracle avait mis fin à ses hésitations en lui disant : « Rachète la mort par la mort. »

Il avait aussitôt monté un plan simple. Il se ferait annoncer au palais avec Pylade. Tous deux se présenteraient comme des messagers apportant la nouvelle de la mort d'Oreste. Ensuite, en avant les épées !

On les introduisit sans difficulté. Tout se passa très vite. A midi, Égisthe et Clytemnestre, égorgés, gisaient à quelques pas l'un de l'autre dans une mare de sang.

Le destin était accompli.

La folie d'Oreste

Oui, Oreste avait vengé son père. Mais il n'en avait pas moins commis le crime le plus effroyable pour un homme : il avait tué sa mère !

Une heure plus tard, il devenait fou, et croyait voir des serpents se dresser sur la tête de sa sœur et de Pylade.

Il s'enfuit en hurlant et erra au hasard, poursuivi sans relâche par les Érinyes. Dans un accès de folie furieuse, il alla jusqu'à se trancher un doigt. Puis, sur l'ordre de Zeus, les Érinyes finirent par l'abandonner et le malheureux recouvra la raison. Il fit un long voyage de purification jusqu'en Crimée, avec son ami Pylade.

A leur retour, celui-ci épousa Électre. Mais ils n'eurent pas d'enfant. Quant à Oreste, il mourut mordu par une vipère.

Il ne restait plus personne de cette abominable famille. La malédiction prit fin, et les Atrides sortirent définitivement des légendes.

L'Oracle a été formel : « Rachète le sang par le sang ! », a-t-il ordonné à Oreste. Mais pour venger son père, Il faut qu'Oreste accomplisse le crime le plus horrible qui se puisse concevoir. Sa mère Clytemnestre, doit en effet mourir. Le jeune homme ira jusqu'au bout de cet affreux destin... et deviendra aussitôt fou furieux. Oreste est un Atride. Quoi qu'il fasse, il est maudit.
▽

LE LONG VOYAGE D'ULYSSE

Pour le roi d'Ithaque, l'inconnu et l'aventure seront au rendez-vous...

A la fin de la guerre de Troie, les Grecs rentrèrent chez eux. Le retour ne fut pas facile, beaucoup errèrent interminablement sur la mer avant de regagner leur patrie. Un grand nombre moururent en chemin. Chacun de ces « retours » était pour les Grecs le sujet de nouvelles légendes, qui pour la plupart ne nous sont pas parvenues. Nous n'en connaissons vraiment bien que deux ou trois : le retour d'Ajax, le retour d'Agamemnon et le retour d'Ulysse.

Ulysse, en grec, se dit « Odysseus ». Le « retour d'Ulysse » porte donc le nom d' « Odyssée ». Ce mot est passé dans notre langue pour désigner un voyage extrêmement dangereux, long et fatigant. Et c'est encore Homère, l'auteur de *L'Iliade*, qui a écrit *L'Odyssée*.

Le plus rusé des chefs grecs

Ulysse, on s'en souvient, était roi d'Ithaque, une petite île à l'ouest de la Grèce. En partant pour Troie, il y avait laissé son vieux père Laerte, trop âgé pour combattre, sa femme Pénélope et son petit garçon Télémaque.

Ce guerrier était le plus rusé des chefs grecs qui avaient combattu devant Troie. Ainsi, il avait eu l'idée du fameux cheval qui décida du sort de la guerre. Les Grecs l'aimaient beaucoup.

Après la victoire, Ulysse fit comme les autres : il entassa son butin sur ses douze navires et avec ses hommes s'embarqua vers Ithaque.

△
Sous les traits d'un mendiant usé par la mer, Ulysse retrouve enfin sa femme, la fidèle Pénélope. Aujourd'hui encore, nous admirons l'esprit d'aventure, le courage et la ruse de l'un, la patience, la confiance et l'amour de l'autre.

Tempêtes

Dès le début du voyage, une tempête sépara ces douze navires du reste de la flotte et les rejeta vers le nord de ce qui est aujourd'hui la Turquie. Ulysse en profita pour prendre et piller quelques villes restées fidèles aux Troyens.

Chargés de nouveaux butins, les bateaux remirent le cap à l'ouest, vers la Grèce. Bientôt, une nouvelle tempête les poussa cette fois loin dans le sud, sur les côtes de Libye, qui s'appelait alors le « pays des Lotophages », ou « mangeurs de lotus ». Cette plante procurait l'oubli et la folie à ceux qui la mangeaient : c'était une drogue. Plusieurs des hommes de l'expédition goûtèrent au lotus ; ils devinrent fous et se perdirent dans le désert. Ulysse ne voulut pas rester plus longtemps dans ce pays et se rembarqua en hâte.

L'île du Cyclope Polyphème

La première île sur laquelle les Grecs firent escale était escarpée et volcanique. Ils débarquèrent et partirent à la recherche des gens du pays. Bientôt, ils pénétrèrent dans une grotte, visiblement habitée, mais dont l'occupant était absent. Ils l'attendirent en mangeant les fromages qui se trouvaient là. Soudain, leur hôte rentra.

C'était un Cyclope anthropophage ! Il se nommait Polyphème. Il aperçut les intrus, ferma la porte avec un énorme rocher et demanda à Ulysse comment il s'appelait :

— Je m'appelle Personne ! répondit prudemment le voyageur, et voici mes amis Monpied, Monventre, Mongenou, etc.

— Très bien, dit le Cyclope en le regardant de son œil unique, mon cher Personne, je te mangerai le dernier.

Et il dévora aussitôt deux hommes. Les Grecs étaient épouvantés.

Pendant la nuit, Ulysse eut une idée. Il fit durcir au feu un énorme pieu d'olivier pointu. Le lendemain, il offrit au Cyclope l'outre de vin qu'il avait apportée en cadeau pour l'habitant de la grotte. Celui-ci fut ravi et but tout d'un trait. Ivre-mort, il s'endormit profondément. Ulysse et ses hommes prirent alors le pieu aigu et lui crevèrent l'œil.

Le malheureux se mit à rugir de douleur. Les autres Cyclopes, ses voisins, accoururent :

— Que se passe-t-il, Polyphème ? Qui t'a fait mal ?

— C'est Personne, répondit le Cyclope en hurlant. C'est Monpied... C'est Monventre et Mongenou !..

— Ah bon ! rétorquèrent les autres. Si ce n'est personne, inutile de réveiller tout le monde. Soigne ton pied et ton ventre et laisse-nous dormir.

Et ils s'en allèrent en riant, le croyant fou.

Au matin, Ulysse et ses compagnons s'échappèrent de la grotte en se cachant sous le ventre des

△
Ulysse et ses compagnons sont prisonniers dans la grotte du Cyclope Polyphème. Mais les Grecs enivrent le géant et, pendant son sommeil, crèvent son œil unique. Ils parviendront ainsi à lui échapper.

△
Il ne faut pas confondre le Cyclope Polyphème, fils de Poséidon, et ses semblables, avec les terribles fils de la Terre, qui aidaient Héphaïstos dans sa forge. Les premiers, quoique anthropophages à l'occasion, sont de paisibles pasteurs.

plus grands béliers du troupeau de Polyphème et regagnèrent leur navire. Le Cyclope tenta en vain de leur lancer un énorme rocher.

Éole, le seigneur des vents

On croit souvent, à tort, qu'Éole est le dieu des vents. En réalité, Éole n'est pas un dieu, mais le fils d'un homme et ... d'une île flottante, Éolia ! Il était en même temps le roi de cette île. Il menait sur son domaine une vie parfaitement agréable, avec son épouse Cyané et leurs douze enfants, les Vents.
Quant aux quatres vents principaux, les voici. Commençons par **Borée,** le vent du nord, froid et terrible, chargé de glaçons, père des héros Zéthès et Calaïs, qui aidèrent Jason. Vient ensuite **Aquilon,** autre vent froid, mais de l'est, avec ses cheveux blancs. Suit **Notos,** le vent du sud, qui apporte la pluie sur ses ailes toujours mouillées. Enfin, souffle le beau **Zéphyr,** le vent d'ouest, marié à Flore, la déesse des plantes et des fleurs.

L'île d'Éole

Les Grecs abordèrent ensuite à l'île d'Éole. Le seigneur des vents les accueillit très aimablement et donna à Ulysse une outre contenant les vents contraires. Ainsi, il n'aurait que des vents favorables pour rentrer chez lui. Hélas ! Pendant la nuit, les marins, persuadés que l'outre contenait un trésor, l'ouvrirent.

Les vents contraires s'échappèrent, une effroyable tempête se leva... et seul le navire d'Ulysse en réchappa. Les onze autres coulèrent. Les rares survivants qui purent nager jusqu'à la côte furent dévorés par le peuple des Lestrygons, eux aussi anthropophages.

L'île de Circé

Le bateau rescapé parvint en vue d'une île verte et riante, d'aspect accueillant. Mais Ulysse était devenu terriblement prudent. Il envoya quelques hommes en reconnaissance. Bien lui en prit ! L'île était habitée par une magicienne, Circé, la tante de Médée. Sans être méchante, elle avait pourtant des idées singulières. Ainsi, elle changea en gorets les marins d'Ulysse. Il finit cependant par trouver un accord avec elle. Elle rendit à ses hommes leur aspect habituel et leur offrit l'hospitalité. Ulysse en fut même tellement satisfait qu'il resta un an dans l'île.

Cependant, il fallut repartir ; l'équipage s'impatientait. On avait entièrement perdu la route, et Ulysse et ses hommes durent demander la direction à suivre aux ombres des morts, au-delà de la Méditerranée, aux limites de l'Océan. Puis le navire arriva en vue de l'archipel des Sirènes, sortes de femmes-oiseaux dont les merveilleux chants attiraient les navigateurs. Quand ceux-ci, charmés, s'approchaient, les Sirènes les dévoraient. Ulysse seul put supporter ces chants sans mourir. Il se fit attacher au mât par des cordages, et tandis que ses compagnons, les oreilles

△
Comment entendre les sirènes sans être entraîné par leurs chants magnifiques ? Ulysse se fit attacher au mât de son navire. Les matelots, eux, avaient les oreilles bouchées par de la cire.

Le Cyclope Polyphème se nourrissait de lait, de viande crue ou de sang. Mais il ne sut pas résister au vin offert par les Grecs. Ulysse en profita... ▷

bouchées par de la cire, les yeux obstinément baissés, ramaient de toutes leurs forces, Ulysse, lui, écoutait et regardait les sirènes. Ses liens l'empêchaient de répondre à leur appel. Il supplia ses marins de le libérer, mais ceux-ci ne pouvaient l'entendre. Le bateau poursuivit sa route.

Puis on passa le détroit de Messine, entre l'Italie et la Sicile, et on dut affronter les deux terribles monstres qui le gardaient : Charybde et Scylla. Plusieurs hommes perdirent encore la vie en cet endroit.

△
Les sirènes des Grecs ne ressemblent pas à celles de nos légendes, mi-femme mi-poisson. Elles étaient en fait des monstres mi-femme mi-oiseau, et elles attiraient les voyageurs, par leurs chants, pour les dévorer.

Les bœufs du Soleil

Les vivres commençaient à manquer. Lorsqu'ils débarquèrent dans l'île de Trinacrie, où paissaient les troupeaux du Soleil, les marins affamés les regardèrent d'un œil d'envie. Bientôt, ils ne purent résister. Malgré les supplications d'Ulysse, ils mirent à la broche les bœufs d'Hélios. Ce fut épouvantable ! Les peaux écorchées rampaient sur le sol, les rôtis beuglaient sur les assiettes. On se rembarqua en hâte, mais trop tard : le dieu était offensé. Il déclencha une terrible tempête et cette fois, seul Ulysse survécut, tous les autres se noyèrent. Épuisé, agrippé à une planche, le naufragé réussit pourtant à atteindre une île. Le malheureux Ulysse avait tout perdu.

Là, vivait une nymphe ravissante : Calypso. Elle accueillit avec grand plaisir Ulysse et voulut même l'épouser. Le voyageur ne resta pas insensible au charme de la jeune femme... et resta sept ans dans l'île.

Mais à Ithaque, son épouse Pénélope l'attendait. Que devenait son royaume ? Il devait rentrer. Il construisit un petit bateau et prit la mer. Pour peu de temps, car une nouvelle tempête brisa la fragile embarcation.

L'île des Phéaciens

A demi-inconscient, Ulysse aborda l'île des Phéaciens, un peuple de marins et de pêcheurs, proche d'Ithaque. Nausicaa, la fille du roi, jouait ce matin-là à la balle avec ses amies. Elle découvrit soudain sur la plage Ulysse, nu et trempé.

Nausicaa le conduisit chez son père, qui écouta avec intérêt le récit de ses aventures.

Puis le roi des Phéaciens fit armer un navire qui ramena Ulysse endormi à Ithaque. Après toutes ces années d'errance et ces innombrables aventures, il allait retrouver enfin sa patrie.

Le retour d'Ulysse

Mais il n'en avait pas fini avec ses épreuves. Pendant sa longue, longue absence, il s'était passé bien des choses. Télémaque, son fils, devenu un homme, était même allé voir Ménélas, à Sparte, pour avoir des nouvelles de son père. Mais personne ne savait où il pouvait être.

En fait, tout le monde croyait Ulysse mort. Si bien que sa femme, Pénélope, était entourée de nombreux prétendants, qui voulaient l'épouser pour s'emparer du royaume d'Ithaque. Ils vivaient tous dans le palais royal, mangeant et buvant joyeusement aux frais d'Ulysse, en attendant que la reine choisisse un mari parmi eux.

Cependant, celle-ci était restée fidèle et trouvait toujours des prétextes pour éviter de donner une réponse. Elle avait juré qu'elle ne ferait pas son choix avant d'avoir terminé la tapisserie qu'elle avait commencée. Or, pour éviter de la finir, elle défaisait la nuit ce qu'elle avait brodé pendant la journée.

Le premier qui reconnut Ulysse, ce fut son chien. Le vieux chien Argos, qui avait plus de vingt ans, mais qui sauta faiblement aux genoux de ce vagabond qui revenait, usé par le sel, les aventures et la mer ! Puis le vieil Eumée, qui gardait les cochons, accueillit son maître en pleurant. Télémaque, lui, se jeta au cou de son père enfin revenu et lui exposa la situation.

Un concours d'arc

Le soir même, le jeune homme, d'un air mystérieux, conseilla vivement à sa mère d'en finir avec les prétendants et de choisir parmi eux.

Pénélope, intriguée, accepta d'organiser une épreuve : elle prendrait pour époux celui qui arriverait à tendre le grand arc d'Ulysse et à faire pas-

Depuis des années, Pénélope attendait le retour de son mari. Des prétendants, de plus en plus nombreux, la pressaient de se remarier. Pénélope, cherchant à gagner du temps, imagina une ruse digne d'Ulysse. Elle avait juré de ne pas choisir un nouvel époux avant d'avoir terminé une tapisserie. Et la nuit, en cachette, elle défaisait ce qu'elle avait brodé le jour.
▽

△
Les prétendants se pressaient au palais d'Ulysse pour épouser Pénélope. Le héros les massacra sans pitié. Ici, l'un d'eux tente de se protéger derrière une table.

Un seul être reconnut Ulysse, sans hésiter, lors de son retour à Ithaque, son petit royaume. Ce fut le vieux chien Argos. Il sauta faiblement aux genoux d'Ulysse. Puis, le porcher Eumée reconnut son roi.
▽

ser une flèche à travers les anneaux ornant le sommet de douze haches placées debout l'une derrière l'autre.

Les prétendants se frottèrent les mains. On planta en ligne les douze haches et l'on apporta le grand arc. Oui, mais voilà ! Il était si dur que pas un seul des concurrents ne put le tendre.

— Puis-je essayer, mes bons seigneurs ? demanda alors un misérable personnage appuyé contre la porte.

Toute l'assistance éclata de rire et l'y autorisa bien volontiers. Ce vieux mendiant !

Celui-ci saisit le grand arc, le courba sans effort apparent et d'un seul mouvement tendit la corde.

— Ulysse ! cria quelqu'un d'une voix étranglée, c'est Ulysse !

— Parfaitement, Ulysse ! fit le héros d'une voix tonnante, et vous allez tous mourir.

Ce fut une véritable boucherie.

Et quand, rouges de sang, dans le silence revenu, le père et le fils se regardèrent en souriant, Pénélope pâle d'émotion reconnut son mari et tomba dans ses bras en pleurant.

Le grand Ulysse était de retour.

ÉNÉE, LE FONDATEUR

Emportant les dieux de sa patrie ruinée, la race de Dardanos fonde une nouvelle Troie.

Lors de la chute de Troie, le cousin d'Hector, le prince Énée, avait tenté d'opposer aux soldats grecs une dernière résistance. Écrasée sous le nombre, sa poignée de défenseurs désespérés avait dû fuir la cité en flammes. Cependant, ces farouches combattants allaient connaître un destin extraordinaire, vous allez le voir.

△
Pendant la guerre de Troie, Énée montra un grand courage. Il était considéré comme le meilleur combattant troyen après Hector. Il tenta de résister, lors de la chute de la ville, puis rassembla les survivants et les guida vers une nouvelle patrie.

La race de Dardanos

A vrai dire, Énée n'était pas vraiment troyen. Il régnait sur une petite ville de Troade — la région de Troie — appelée Dardanos. C'est là que les survivants du massacre se regroupèrent. Le vieux père d'Énée, Anchise, faisait partie des rescapés, ainsi que le petit Ascagne, son fils. Mais sa femme, Créüse, avait disparu.

Les hommes encore valides construisirent en hâte des navires et, tandis que les Grecs pillaient le pays, les Troyens s'embarquèrent et partirent à l'aventure, abandonnant pour toujours leur patrie, sans savoir où ils iraient.

Leur première idée fut de gagner la Thrace, pays lointain, peu connu et peu peuplé. Mais en route, dans l'île de Delos, l'oracle d'Apollon leur conseilla de chercher le berceau de leur race.

— Mon grand-père Teucer, dit le vieil Anchise, était venu de Crète, c'est là que nous devons aller.

Malheureusement, l'île ne se révéla pas être l'endroit rêvé pour établir la « Nouvelle Troie ». Il y régnait une épouvantable famine !

Bientôt, Énée fit un rêve, et il comprit que ce songe avait une signification précise. Le berceau de sa famille, ce n'était pas la patrie de Teucer, mais celle de son gendre, Dardanos, qui avait fondé sa ville. Et celui-ci avait vu le jour dans un pays lointain, très à l'ouest, et dont on savait peu de choses : l'Italie.

Les Troyens à Carthage

— En Italie ! Embarquons tout de suite ! crièrent les Troyens.

Et ils poussèrent leurs navires à la mer.

Mais une terrible tempête se leva et les éloigna

Le tombeau d'Énée

Il n'y a pas très longtemps, un archéologue partit à la recherche des restes d'Énée. Avait-il existé, ce héros ? Après des études très soigneuses des textes antiques, on entreprit une campagne de fouilles à l'endroit où, selon la légende, le prince troyen avait été enterré.
Les archéologues trouvèrent d'abord les vestiges d'un petit temple très ancien. Puis, en-dessous, une tombe archaïque. Elle contenait les restes d'un guerrier d'une stature exceptionnelle, avec ses armes et sa lance ! Et tout cela remontait précisément à l'époque légendaire où Énée aurait débarqué en Italie, le XIe siècle avant Jésus-Christ.
Alors ? Rien n'est prouvé, bien sûr. Mais comment résister au plaisir de penser que les archéologues ont bien découvert la tombe du courageux Énée ?

△
Sur cette fresque de Pompéi, Énée s'appuie sur Ascagne. Le héros a été blessé au combat et son fils pleure...

Les Troyens connurent de multiples aventures avant d'atteindre l'Italie, la terre promise par les dieux. Virgile les a racontées dans L'Énéide. ▷

vers le sud. Cependant, Poséidon avait de la sympathie pour les survivants des Troyens, qui purent aborder sans trop de mal les côtes d'Afrique du Nord, dans le royaume de Carthage — en Tunisie — sur lequel régnait Didon.

La reine accueillit très bien les navigateurs, les hébergea, leur donna des vivres et écouta avec intérêt leur histoire. Avec tant d'intérêt, même, qu'elle se mit en tête d'épouser Énée. S'il restait avec eux, les Carthaginois deviendraient assurément invincibles !

Mais ce n'était pas possible : Énée devait avant tout penser à son peuple et à la terre promise par les dieux. Il partit sans se retourner. La reine Didon se suicida de chagrin.

Le royaume du Latium

Les Troyens traversèrent la Méditerranée du sud au nord et abordèrent en Sicile. Le vieil Anchise y mourut et y fut enterré. Bientôt, des querelles éclatèrent dans la flotte. Beaucoup de femmes ne supportaient plus ce voyage qui semblait ne jamais devoir s'achever. Elles refusèrent d'aller plus loin : on naviguait depuis bien longtemps, disaient-elles, et elles voulaient s'installer ici.

Finalement, on laissa là les femmes qui le souhaitaient, mais aussi plusieurs hommes, ainsi que les vieillards les plus âgés. Et enfin, Énée aborda la terre d'Italie. Ce fut un peu au sud de l'actuelle Naples, à Cumes, où vivait une prophétesse célèbre, la Sibylle. Elle donna des conseils aux navigateurs, qui reprirent la mer pour remonter la côte vers le nord.

Cette fois, Énée débarqua définitivement au nord du Tibre, dans le royaume du Latium, sur lequel régnait Latinus.

Ce bon roi fit aux étrangers le meilleur accueil. Il s'étonna bien un peu de leur singulier costume collant, si différent des vêtements amples et flottants de ses sujets, les Latins. Mais il les appréciait beaucoup et se rappela soudain qu'un oracle lui avait recommandé de marier sa fille Lavinia à un étranger. Il proposa donc à Énée de devenir son gendre.

Celui-ci, qui était veuf, accepta très volontiers. Tout le monde se réjouissait.

△
En donnant en mariage sa fille Lavinia à Énée, le roi Latinus scelle une alliance avec les Troyens. De nombreux récits racontent de telles alliances. Ainsi, celle des Grecs de Phocée et des Sicules, dont devait naître le port de Marseille.

L'équipement du guerrier archaïque comprenait un casque à cimier, protégeant bien la tête, des plaques de bronze montées sur du cuir, pour couvrir le torse, un grand bouclier, une lance et une épée.
▽

Tout le monde, sauf le fiancé de Lavinia, évidemment, le roi Turnus !

Naturellement, ce fut la guerre. Or Turnus ne se contentait pas de régner sur des sujets redoutables, les Rutules. Il avait pour allié un roi étrusque effroyablement cruel, Mézence.

Les Étrusques formaient un peuple extraordinaire, qui habitait toute la moitié nord de l'Italie. C'étaient de grands artistes, des fondeurs de bronze renommés, de hardis marins et des guerriers impitoyables. Mais ils étaient très divisés.

Lorsque Turnus s'allia à Mézence, Énée, lui, trouva de l'aide auprès des autres rois étrusques, et aussi chez le roi Évandre, qui avait du sang troyen. Cette guerre fut très compliquée. Disons seulement que les Troyens et leurs alliés finirent par la gagner, à grand-peine, il est vrai.

Énée tua Turnus et épousa Lavinia.

Puis il fonda une ville qu'il appela Lavinium — du nom de sa femme. Et là, il installa dans un temple les dieux de Troie qu'il avait apportés et qui trouvèrent ainsi une nouvelle patrie.

A son tour, son fils Ascagne fonda plus tard la puissante ville d'Albe-la-Longue, qui devint la capitale de la nouvelle race formée par les Troyens et les Latins.

Car sur l'ordre de Zeus, les exilés, enfin fixés, adoptèrent les mœurs et la langue de leurs hôtes, les sujets du bon roi Latinus.

ROMULUS ET REMUS

Le plus puissant empire du monde fut fondé par des enfants sauvages...

Longtemps après la mort d'Énée et de son fils Ascagne, la ville d'Albe était gouvernée par un de leurs descendants, appelé Numitor. Mais il arriva que ce roi fut détrôné par son cadet, Amulius, et exilé à la campagne. En outre, Amulius comprit qu'il fallait empêcher son frère d'avoir des descendants, s'il voulait garder le pouvoir.

Numitor n'avait qu'une fille, Rhéa Sylvia. L'usurpateur décida donc qu'elle resterait dorénavant dans le temple de Vesta, la déesse du foyer que les Grecs appelaient Hestia. En effet, les prêtresses de Vesta, les Vestales, ne se mariaient pas, sous peine de mort.

Oui mais voilà, Rhéa Sylvia était déjà, en secret, l'épouse de Mars, le dieu Arès des Grecs, et elle eut des jumeaux ! Furieux, Amulius ordonna de tuer la mère et d'abandonner les enfants aux bêtes sauvages.

△
La louve symbolise Rome comme la chouette symbolise Athènes. Avec le temps, quelques centaines d'années tout au plus, la louve romaine fera la conquête de la totalité du monde connu d'alors. De l'Écosse à l'Iran et du Maroc à la Hollande, elle affirmera la présence de Rome.

Les enfants de la Louve

Un serviteur prit les deux nouveaux-nés, les plaça sur une planche et laissa le tout voguer au fil du fleuve, le Tibre. L'embarcation dériva ainsi pendant quelque temps, puis la planche s'arrêta dans les roseaux et aborda la rive.

La situation des bébés semblait tragique. Mais il se produisit alors une chose extraordinaire. Une louve, qui venait de perdre ses petits, s'approcha d'eux, les flaira, les lécha et les prit en affection ! Et Romulus et Remus — ainsi s'appelaient les jumeaux — survécurent, en tétant la louve ! Au bout de quelque temps, ils étaient devenus de parfaits enfants-loups.

Fort heureusement, ils furent bientôt recueillis par un brave paysan nommé Faustulus, qui les amena à sa femme, Acca Larentia.

Les années passèrent. Les deux frères étaient maintenant des garçons solides, entraînés aux jeux les plus violents. Ils ne tardèrent pas à monter, avec des camarades de leur âge, des expéditions punitives contre les brigands qui infestaient le pays. Ensuite, trouvant plus amusant le rôle de voleurs, ils commencèrent à s'emparer du bétail des voisins.

Et puis... les deux frères furent pris, par les soldats d'Amulius, parce qu'ils avaient dérobé des

Les Étrusques

Les Étrusques, qui combattirent avec Énée, ou contre lui, forment un peuple assez mystérieux. Nous lisons parfaitement leur langue, dont les caractères sont proches du grec, mais ne comprenons que peu de mots. Cette langue n'est pas indo-européenne et ne ressemble à rien de connu.
En revanche, nous connaissons assez bien la religion des Étrusques. Ils possédaient une mythologie très complète, où la mort jouait un grand rôle. On sait aussi qu'ils accordaient une place essentielle aux rites. Ce sont eux qui ont transmis aux Romains leur goût pour les cérémonies exécutées dans les règles, une partie de leurs objets religieux et l'art de deviner l'avenir en examinant les entrailles des animaux.

△
Selon la légende, l'île Tibérine n'existait pas à l'origine. Le blé récolté sur les terres royales, et jeté dans le fleuve lors de la révolution de 509, l'aurait créée !

Romulus avait fondé Rome. La nouvelle cité accueillait de nombreux hommes, anciens esclaves ou aventuriers. Pour leur trouver des femmes, Romulus imagina d'enlever celles des Sabins. ▷

bœufs. Or le troupeau appartenait à Numitor, auquel Amulius fit livrer les deux prisonniers. Il ne fallut guère de temps à l'ancien roi pour reconnaître dans ces deux jeunes bandits ses petits-fils, d'autant plus que le paysan Faustulus le renseigna sur leur origine.

Lorsqu'une révolution remit enfin Numitor sur le trône, Romulus et Remus devinrent princes.

Romulus fonde la ville de Rome

Cependant, les deux frères s'ennuyaient à Albe-la-Longue. Leur grand-père régnait, il n'y avait plus de brigands et ils ne volaient plus de bétail. Ils décidèrent de fonder leur propre ville.

Mais qui allait le faire, Romulus ou Remus ?

Les jumeaux décidèrent de consulter les *augures*, une sorte d'oracle : le premier qui verrait le plus grand nombre d'oiseaux de proie, dans une zone du ciel déterminée à l'avance, serait le vainqueur.

Remus compta six vautours, Romulus douze.

— J'ai gagné, dit Remus, je les ai vus le premier.

— Pardon, dit Romulus, tu les a vus le premier, mais moi j'en ai vu *le plus grand nombre le premier,* et selon nos conventions, c'est moi qui fonderai la ville !

Remus finit par accepter, et Romulus choisit avec soin l'emplacement de la future cité.

Il trouva une agréable colline sur la rive gauche du fleuve Tibre, une colline qui s'appelait — et s'appelle toujours — le Palatin. Il détermina avec soin la direction du nord et celle de l'est, et il entreprit de tracer avec une charrue le sillon sacré qui devait délimiter la ville. C'était un acte profondément religieux et magique : le sillon représentait les remparts, ceux qui entouraient le territoire sacré et inviolable de la future ville.

Remus se moqua de son frère :

— De jolis remparts, vraiment ! On les franchit d'un seul bond !

Et, effectivement, il sauta de l'autre côté.

Romulus blêmit, tira son épée et la planta dans le corps de son frère. Car celui-ci avait commis un sacrilège : en violant les remparts symboliques de la ville, il était devenu un ennemi.

Un objet sacré : la groma

Pour les Romains, la fondation d'une ville obéit à des règles très précises, dont « on doit s'écarter le moins possible », et qui sont héritées des Étrusques. Ils utilisent à cet effet un instrument appelé **groma,** en forme de croix horizontale, montée sur un manche et dont pendent quatre fils à plomb. En visant le soleil avec l'une des branches de la croix, on obtient les deux directions nord-sud et est-ouest, correspondant aux deux axes principaux de la ville future : le **cardo** et le **decumanus.** Il faut ensuite tracer le sillon primitif à l'aide d'une charrue de bronze attelée d'un taureau et d'une génisse, en veillant à ce que la terre soit rejetée à l'intérieur du tracé et en soulevant la charrue au-dessus de l'emplacement des portes. Une ville « juste » doit comporter trois rues, trois portes et trois temples.

△
Voués à la mort par leur grand-père, abandonnés au fil du Tibre, les jumeaux Romulus et Remus furent sauvés et nourris par une « louve descendue des montagnes ». Elle les allaita dans la grotte du Lupercal, caverne du mont Palatin, l'une des sept collines de Rome.

— Ainsi périra, dit Romulus, quiconque osera franchir nos murailles sans notre autorisation !

Puis on enterra Remus et son frère ne manqua pas de le pleurer abondamment.

Les premiers Romains

Romulus entoura bientôt sa ville de véritables murailles, en bons blocs de pierre soigneusement ajustés les uns sur les autres. On peut encore en voir les ruines à Rome. Car le jeune homme donna tout simplement à sa ville son nom : Rome !

La petite ville se peupla rapidement. Romulus y accueillit sans poser de questions tous les hors-la-loi, tous les esclaves en fuite, on dit même tous les bandits qui voulaient s'y réfugier. Mais au bout d'un certain temps, il s'aperçut que, si la cité comptait beaucoup d'hommes, il n'y avait pas une seule femme.

— Qu'à cela ne tienne, déclara Romulus avec son habituel esprit de décision, nous allons en faire venir.

L'enlèvement des Sabines

Il organisa donc de grands « jeux », c'est-à-dire une sorte de compétition athlétique à laquelle il convia le peuple voisin, celui des Sabins.

Ceux-ci, enchantés, vinrent en grand nombre, accompagnés naturellement de leurs femmes et de leurs filles. Romulus, justement, y comptait bien. Au signal, alors que les concurrents avaient les yeux fixés sur la piste sablée, chaque Romain prit subitement une femme à bras-le-corps et s'enfuit en courant !

Les Sabins ne se laissèrent pas faire sans réagir, bien entendu. Ils n'allaient pas tolérer l'enlèvement de leurs femmes par ces « brigands » qui s'intitulaient pompeusement les « Romains ».

Oui, mais ils eurent bien du mal, car les « brigands » étaient en même temps de rudes soldats. Et la guerre dura si longtemps que les Sabines eurent le temps de s'habituer à leurs nouveaux époux et même de les aimer. Tant et si bien qu'un jour, alors qu'une nouvelle bataille se préparait, les Sabines se précipitèrent entre les combattants, empêchant leurs maris de tuer leurs pères, leurs frères de tuer leurs maris. Avec toutes ces femmes en larmes encombrant le champ de bataille, il devenait impossible de se battre. Romains et Sabins se réconcilièrent et ne formèrent désormais plus qu'un seul et même peuple.

Le dieu Romulus

Rome devint la capitale des deux peuples unis, gouvernés par Romulus et le roi des Sabins, Titus Tatius. Que devint le fondateur de Rome ? Plusieurs légendes circulent à ce sujet.

Après quarante ans de règne, dit-on, un jour que l'armée s'entraînait sur le Champ-de-Mars, la foudre le frappa et Romulus disparut sans laisser de traces. Peut-être fut-il en réalité assassiné.

Ce qui n'empêcha pas les Romains de le mettre au rang des dieux et de le vénérer sous le nom de Quirinus, divinité avec laquelle ils le confondirent peu à peu.

Mais ses compagnons poursuivirent son œuvre. Et c'est ainsi, dit la légende, que les descendants d'une poignée de Troyens, échappés au massacre, donnèrent naissance à la cité la plus belle, la plus grande et la plus puissante du monde connu : la terrible Rome.

△
L'enlèvement des Sabines provoqua une guerre entre Romains et Sabins. Les Sabines y mirent fin en se précipitant, avec leurs enfants, parmi les combattants. Ici, un détail du célèbre tableau de David.

Accomplissant les rites de fondation des villes, Romulus trace le sillon qui délimite l'enceinte sacrée. En le franchissant, Remus commet un sacrilège !

▽

ANNEXES

LA PREMIÈRE GÉNÉRATION DE DIEUX : Les Titans et autres fils de la Terre

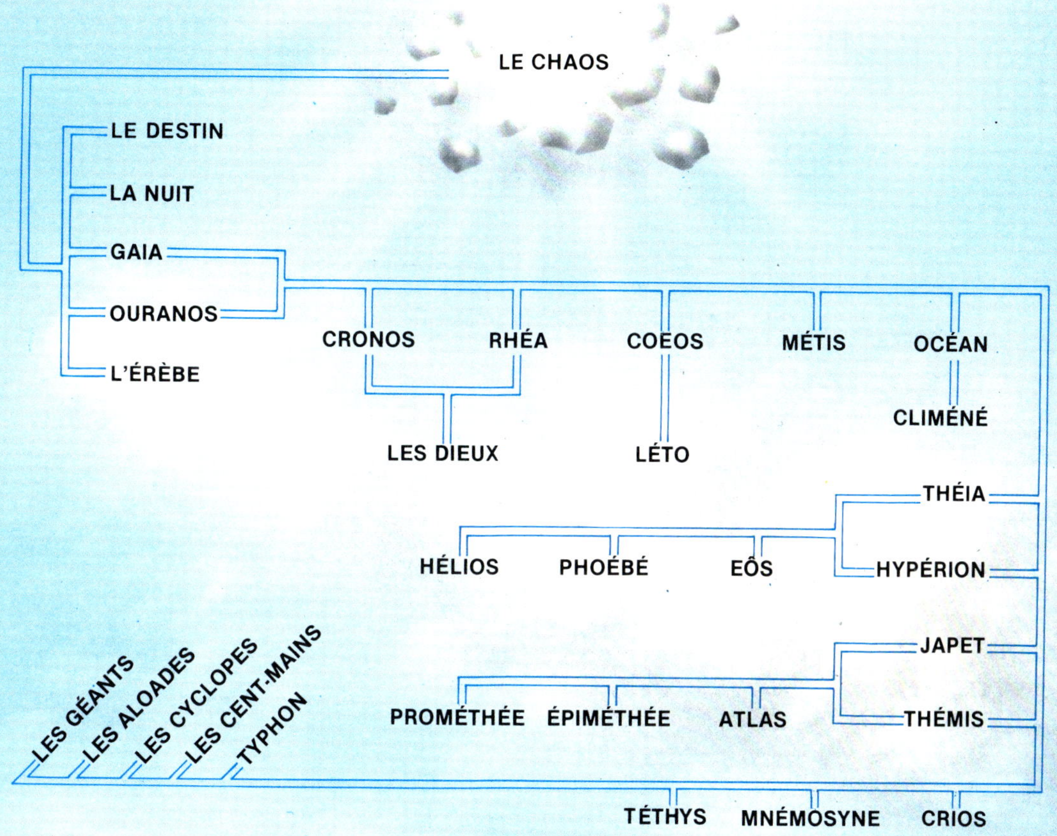

LA SECONDE GÉNÉRATION : les Dieux

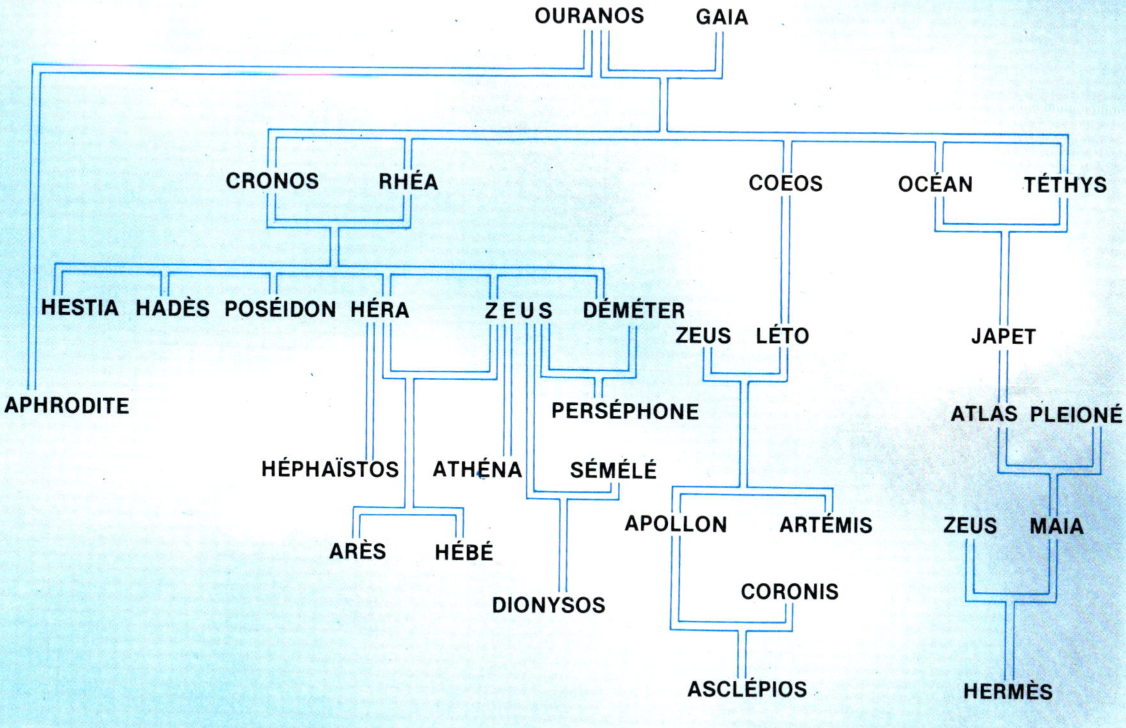

LA FAMILLE DE THÈBES, les Labdacides

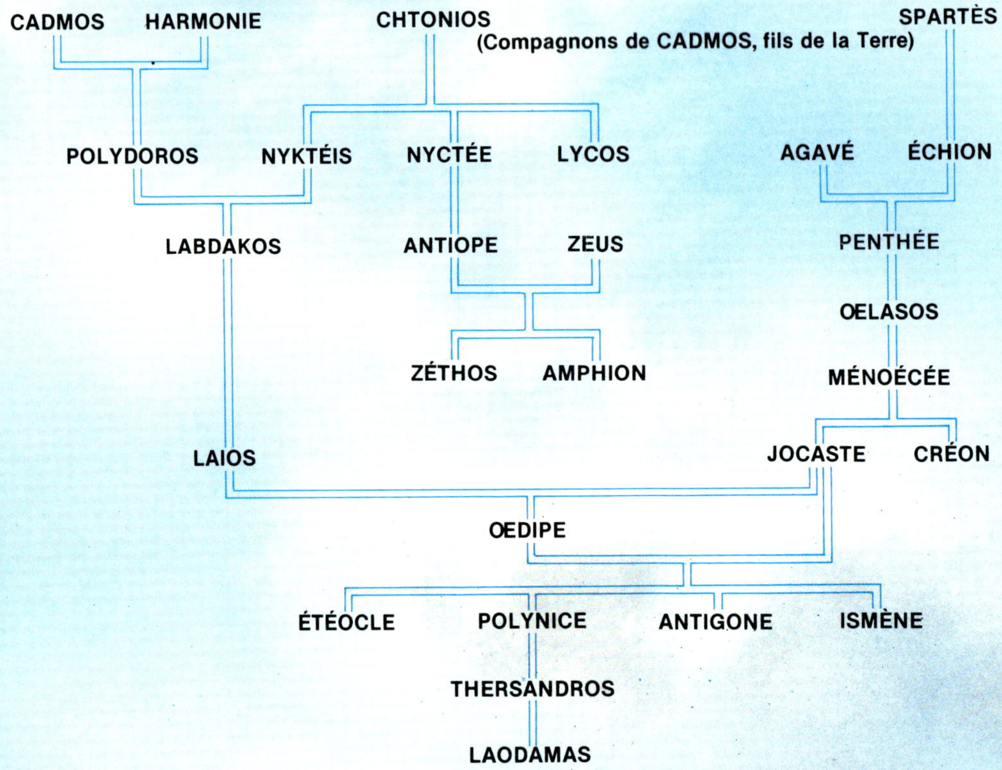

LA FAMILLE ROYALE DE TROIE, les Teucriens ou Dardanides

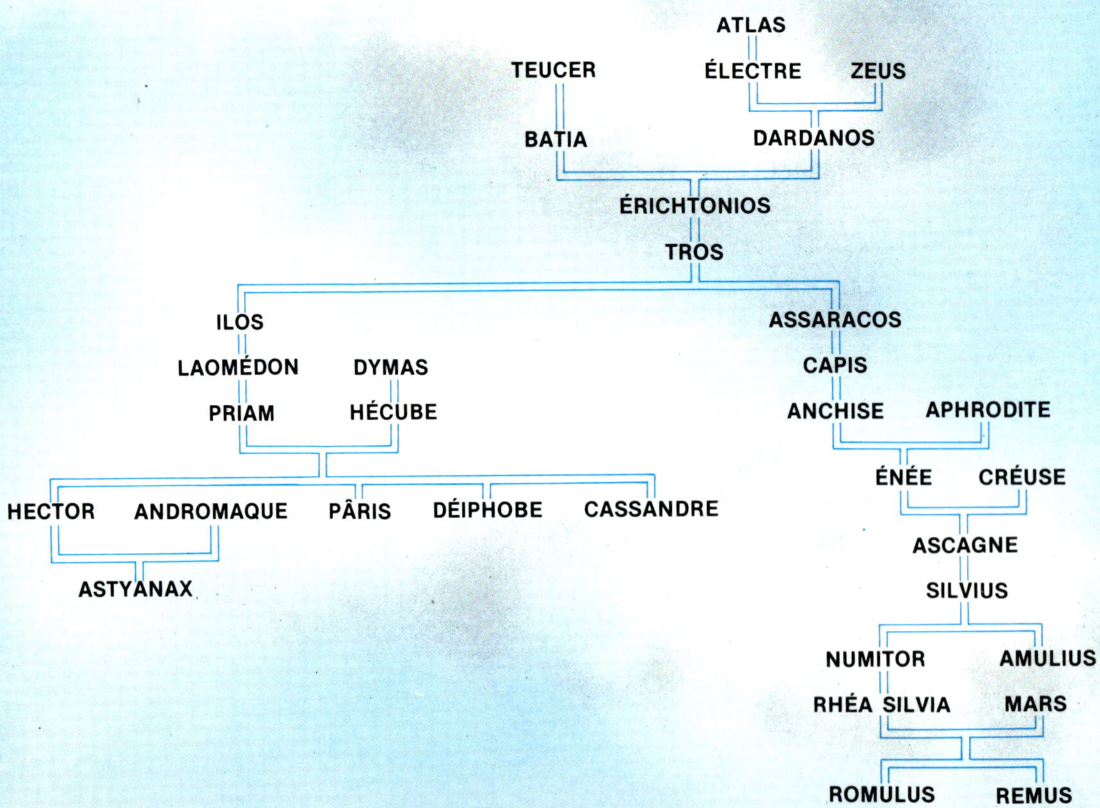

LES GRANDES FAMILLES DE HÉROS

Les Atrides

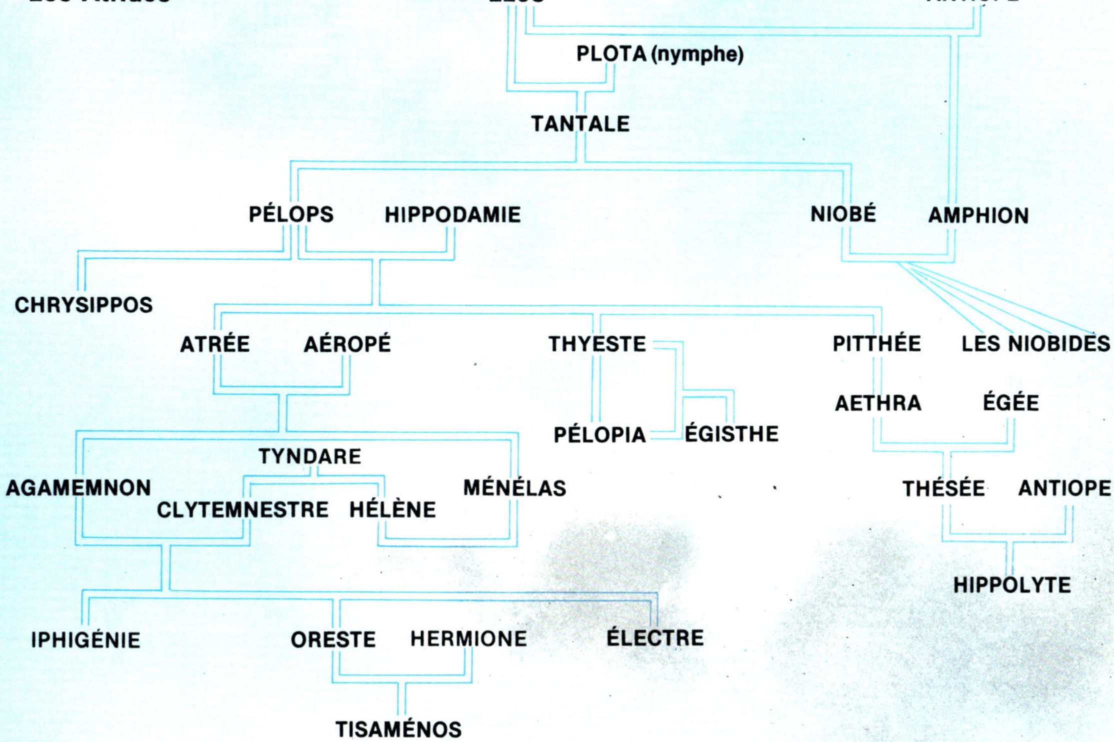

Les Perséides

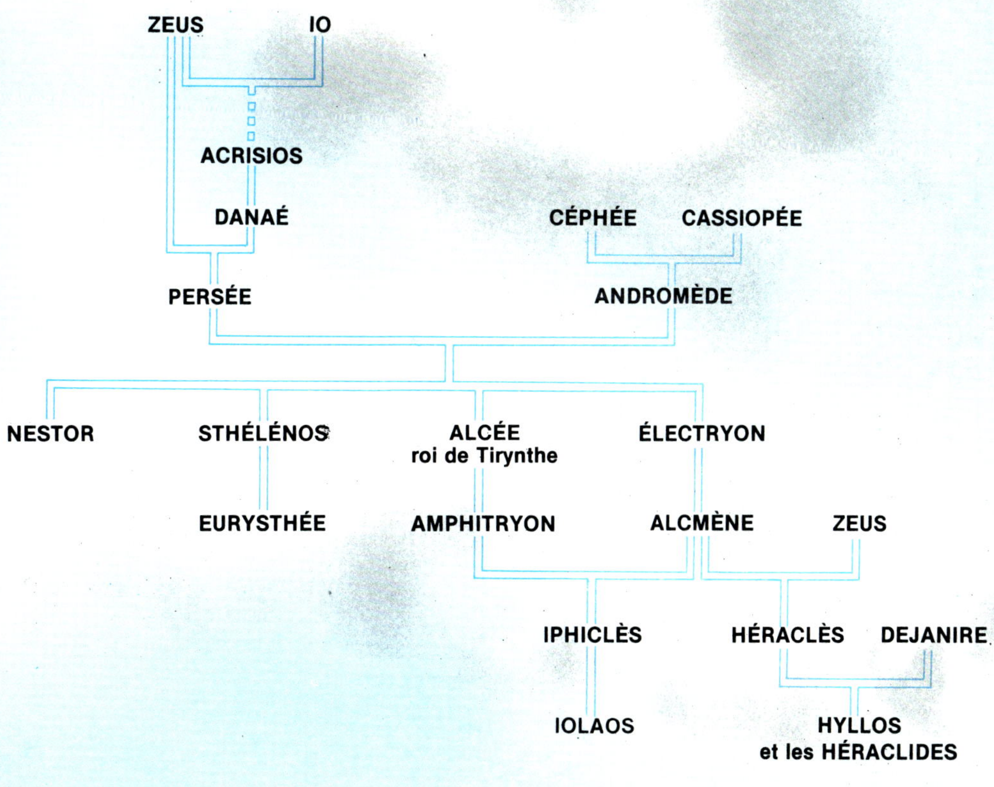

Les noms des dieux ont-ils un sens ?

En fait, bien souvent, nous ignorons l'origine des noms des dieux ou des héros de la mythologie. Beaucoup restent inexpliqués. Ainsi, nous ne connaissons pas le sens des mots « Athéna » ou « Héphaïstos ». Certains de ces noms ont des racines indo-européennes, difficiles à retrouver. Mais nous connaissons cependant le sens de nombre d'entre eux.

Les Titans

Gaia	*La Terre*
Ouranos	*Le Ciel*
Cronos	*Le Temps*
Métis	*L'Intelligence*
Thémis	*La Justice naturelle*
Mnémosyne	*La Mémoire*
Prométhée	*L'Avisé*
Épiméthée	*L'Étourdi*

Les dieux

Zeus = Diou Pater	*La Puissance céleste*
Hadès	*L'Invisible*
Poséidon	*L'Époux de la Terre*
Déméter	*La Terre nourricière*
Phoibos (Apollon)	*Le Brillant*
Phoébé	*La Brillante*
Hélios	*Le Soleil*
Hermès	*Celui des Tas de pierres (les Herma)*
Koré	*La Jeune Fille*
Aphrodite	*Celle de l'Écume de la Mer*
Dionysos	*Le dieu de Nysa*

Citons encore :

Phaéton	*Le Brillant*
Deucalion	*L'Homme qui a perdu sa maison ou l'Homme dont la cabane est inondée*
Pyrrha	*La Rouquine*
Héraclès	*La Gloire d'Héra*
Déjanire	*La Tueuse d'hommes*
Ulysse (Odysseus)	*L'Enfant de la haine*
Le Minotaure	*Le Taureau de Minos*
Le Labyrinthe	*La Maison de la Double-Hache*
Oedipe	*Pied Enflé*
Dédale	*L'Ingénieux*
Psyché	*L'Ame ou l'Esprit*
Pandore	*Le Cadeau de tous*

Étrangement, aucun terme ne désigne l'Univers tel que nous l'entendons. Tout simplement parce que, pour les Grecs et les Romains, cette conception n'existe pas. Pour eux, tout se répartit entre le Ciel et la Terre, Ouranos et Gaia. Cosmos, en grec, signifie au sens propre *« l'espace mesuré »*, galaxias *« la tache de lait » — la Voie lactée —*, et universus (en latin) *« l'ensemble des choses existantes »*.

Dieux grecs et dieux romains

La plupart des dieux grecs ont un équivalent chez les Romains. Mais on les confond souvent. Ce tableau vous rappellera leurs noms.

Grec	**Latin**
Aphrodite	*Vénus*
Apollon	*Apollon*
Arès	*Mars*
Artémis	*Diane*
Asclépios	*Esculape*
Athéna	*Minerve*
Cronos	*Saturne*
Déméter	*Cérès ou Tellus*
Dionysos	*Bacchus ou Liber*
Hadès	*Pluton*
Héphaïstos	*Vulcain ou Mulciber*
Héra	*Junon*
Hermès	*Mercure*
Hestia	*Vesta*
Ouranos	*Uranus*
Perséphone	*Proserpine*
Poséidon	*Neptune*
Rhéa	*Cybèle*
Zeus	*Jupiter*

Les attributs des divinités

De tout temps, les peintres et les sculpteurs, dans leurs œuvres, se sont inspirés de la mythologie. Pour mieux en différencier les personnages, ils les ont souvent associés à un animal, un objet ou un symbole traditionnels, qui permettent de les reconnaître. Ces représentations apparaissent dès l'Antiquité, notamment sur les vases peints ou certaines statues.
Voici donc les attributs des dieux :

Zeus	*L'aigle, la foudre*
Héra-Junon	*Le paon ou la grenade, symbole de fécondité*
Artémis	*L'arc, la biche, le croissant de Lune*
Apollon	*L'arc, la lyre*
Athéna	*Le casque, l'égide, la chouette, l'olivier*
Aphrodite	*La colombe (de plus, elle est souvent nue)*
Cronos	*La faux (du temps), le sablier*
Déméter	*L'épi de blé, la faucille*
Dionysos	*La panthère, l'âne, les grappes de raisin, le bonnet phrygien, le thyrse (bâton orné d'une pomme de pin), les satyres, le vieux Silène*
Héphaïstos	*Le marteau, l'enclume*
Héraclès	*La massue, la peau de lion, l'arc et les flèches*
Hermès	*Le chapeau plat (le pétase), les sandales ailées, le caducée*
Hestia	*Le feu et le foyer*
Poséidon	*Le trident, le cheval*
Pan	*La flûte (de Pan), les cornes*
Rhéa	*Une couronne en forme de tour*
Les Érinyes	*Les torches, les serpents*
Les Parques	*Le fil, le fuseau, les ciseaux*
Asclépios	*Le coq*

Des livres pour aller plus loin

Dès l'Antiquité, les auteurs se sont passionnés pour la mythologie. C'est dire si les ouvrages sont nombreux. Vous ne les lirez pas tous. Mais ouvrez quelques-uns de ces livres grecs ou romains. Certains sont passionnants comme des romans !

Hésiode : *Les Travaux et les Jours, Le Bouclier, La Théogonie.*
Homère : *L'Iliade, L'Odyssée.*
Hymmes homériques à Hermès, à Aphrodite, à Héraclès, etc.
Eschyle : *L'Orestie.*
Euripide : *Les Bacchantes, Les Suppliantes, Médée, Alceste, etc.*
Sophocle : *Oedipe-roi, Antigone, Oedipe à Colone, etc.*
Apollonios de Rhodes : *Les Argonautiques.*
Ovide : *Les Métamorphoses, Les Fastes.*
Apulée : *Éros et Psyché.*
Virgile : *L'Énéide.*
Sénèque : *Tragédies.*

Quant aux auteurs modernes, ils ont accompli depuis cent ans des travaux extraordinaires, non plus pour raconter la mythologie, mais pour l'expliquer.
Le *Dictionnaire de la Fable,* de Chompré (Paris, 1811), reste une mine de renseignements, cependant difficile à trouver. Vous lui préférerez, si vous voulez en savoir davantage, l'irremplaçable *Dictionnaire de la Mythologie grecque et romaine,* de Pierre Grimal, le *Dictionnaire de la Mythologie,* de Michael Grant et John Hezel, traduit dans la collection Marabout, *La Mythologie,* par Édith Hamilton (Marabout Université), et surtout le *Dictionnaire des Mythologies,* publié sous la direction de Yves Bonnefoy aux éditions Flammarion. Cet ouvrage, un peu difficile pour les débutants, s'adresse à ceux qui voudraient en savoir vraiment beaucoup plus !

En revanche, on lira facilement *Les Pays légendaires,* de René Thévenin, collection Que sais-je ? ; *Les Étrusques* (dans la même collection), de Raymond Bloch, ou les volumes de *La Vie quotidienne au temps de...,* chez Hachette, notamment celui de Jacques Heurgon sur *Les Étrusques.* N'oubliez pas enfin l'excellent *Guide romain antique,* de Dautry et Maisani, dans la collection Classiques Hachette.

LE MONDE DE LA MYTHOLOGIE
GRECQUE ET ROMAINE
Marseille
Pô
Corse
Sardaigne
Étrurie
Tibre
Véies
ROME
Albe la Longue
Latium
Cumes
Vésuve
Pompéi
Paestum
Tarente
Mer Adriatique
détroit de Gibraltar
(colonnes d'Hercule)
Stromboli
Vulcano
Sicile
Etna
Syracuse
Carthage
Mer
Ionienne
Ithaque
Danube
Thrace
Macédoine
Mt Olympe
Épire
Dodone
Mt
Parnasse
Delphes
Orchomène
Thèbes
Mégare
Eubée
Corinthe
Éleusis
Attique
ATHÈNES
Mycènes
Olympie
Argos
Tirynthe
Péloponnèse
Pylos
Sparte
Mer Égée
Lesbos
Troie
Phrygie
ASIE MINEURE
Samos
Milet
Délos
Naxos
Théra
Cythère
Rhodes
Cnossos
Crète
Chypre
Sidon
Tyr
MER NOIRE
(PONT EUXIN)
Colchide
MER MÉDITERRANÉE
(MER INTÉRIEURE)

INDEX

Les chiffres en maigre renvoient aux informations essentielles ; les chiffres en gras, au développement d'un thème ou d'un sujet particuliers ; les chiffres en italique, aux légendes des illustrations.

RÉFÉRENCES PHOTOGRAPHIQUES

AGACHE : 172. B.D.I.C. : 144m, 150, 151, 154, 156b. BIBLIOTHÈQUE NATIONALE : 17, 36, 37, 41, 46, 56, 76, 89, 99, 104, 149b, 151, 153, 156 h, 162. BULLOZ : 139. CHARMET : 13, 106-107, 116, 118, 124, 144b, 157h, 180. CHRISTOPHE L. : 35, 158. CITROEN : 147b. EDIMEDIA : 130. GIRAUDON : 83, 105. MAGNUM, Barbey : 167b. NATHAN : 52, 61, 64, 74, 78, 126, 132, 138, 143h, 147, 149 ; Bulloz : 90, 99 ; Charmet : 152, 156b ; MUSÉES NATIONAUX : 102 ; PARIS-MATCH : (Vital) : 169. PIX : Renault : 166. Renault : 160. ROGER-VIOLLET : 73. SODEL : 159. SYGMA : 164, 163h, 168 ; Brucelle : 173h ; Guichard : 171 ; Letellier : 165 ; Nogues : 163b ; Vauthey : 167h, 170, 173b.
Les autres documents : DAGLI ORTI.

Recherches iconographiques : Brigitte Richon

Mise en page : Geneviève Pannetier

Cartographie : Atelier Graffito

N° d'éditeur : P 37792

Imprimé en Espagne